Paul Leopold Haffner

Der Versuch eines Dilettanten

Vertrauliche Briefe an Graf Harry von Arnim

Paul Leopold Haffner

Der Versuch eines Dilettanten
Vertrauliche Briefe an Graf Harry von Arnim

ISBN/EAN: 9783743614086

Hergestellt in Europa, USA, Kanada, Australien, Japan

Cover: Foto ©ninafisch / pixelio.de

Weitere Bücher finden Sie auf **www.hansebooks.com**

Der Versuch eines Dilettanten.

Vertrauliche Briefe

an

Graf Harry von Arnim

von

Minranov.

Zweite unveränderte Auflage.

Frankfurt a. M.
Verlag von Albert Foesser.
Buchhandlung für Wissenschaft und Kunst.
1879.

Inhalt.

			Seite
I.	Brief.	Zur Einführung . .	1
II.	»	Wie Graf Arnim liebt .	6
III.	»	Verlorene Liebesmühe	15
IV.	»	Der Wauwau in Trunkenheit erzeugt und im Katzenjammer geboren	26
V.	»	Die Jungfrau von Lourdes und der deutsche Kaiser	35
VI.		Lackstiefel oder Schuhe? . .	40
VII.		Der Reichskanzler im Examen . .	44
VIII.	»	Die Arbeiten des Herkules	53
IX.	»	Herkules am Scheidewege . . .	60
X.	»	Das Messer ohne Heft und Klinge .	70

Erster Brief.

Zur Einführung.

Hochgeborener Herr Graf!

Wenn ich mir den Vorzug erbitte, einige vertrauliche Zeilen an Ew. Excellenz richten zu dürfen, so wird mir dieses nicht missdeutet werden. Mein Name bürgt Ew. Excellenz dafür, dass ich Ihnen selbst dann nahe stehe, wenn ich eine entgegengesetzte Richtung zu verfolgen scheine.

Ich vollende soeben die Lectüre des kleinen Essay's, welcher den aufregenden Titel führt: »Der Nuntius kommt.« Für mich, verehrter Herr Graf, war es kaum nothwendig, dass der Verfasser in erster Auflage sich den Namen eines Dilettanten beilegte, um in der zweiten sich als Arnim zu enthüllen. Ich wäre auf den einen, wie auf den anderen Namen von selbst gekommen. Seit Jahren kenne ich den Charakter Ihrer Feder wie Ihrer Person, und offen zu gestehen, ich habe für die erstere eine gewisse Faiblesse. Mich reizt die graciöse Causerie, mit der sie die Thatsachen in bewegliche Gestalten verwandelt; ich bewundere die lustige Miene, mit der sie gravitätische Sentenzen producirt; ganz besonders aber staune ich die Würde an, welche sie sich gerade dann zu geben vermag, wenn sie absolut Nichts, oder noch weniger als dieses, zu sagen weiss. Dieses seltene, um nicht zu sagen einzige Colorit Ihres Styles, Herr Graf, tritt in dem Essay des Dilettanten mit einer Frische hervor, der gegenüber jeder Versuch der Anonymität pro nihilo ist.

Auch der Zweck Ihrer geistreichen Schrift scheint mir durch keinerlei Pseudonymität sich verdecken zu lassen. Ich finde die alte Berliner Redensart, welche Sie als Motto wählen, eminent witzig. Ihr Eindruck wäre aber wohl noch acuter gewesen, wenn Sie ihr gleich die richtige Deutung gegeben und geschrieben hätten:

»Harry kommt nicht« oder
»Harry kommt« oder
»Harry kommt doch nicht.«

Dass es Ihnen um den Nuntius zu thun ist, glaubt Ihnen höchstens ein Gimpel, lieber Graf. Für solche aber ist Ihr Essay sicherlich nicht berechnet.

Glauben Sie übrigens nicht, dass ich Ihnen irgendwie verdenke, dass Sie sich mit den Kissinger Verhandlungen beschäftigen. Wer wollte Graf Arnim verübeln, dass er sein deutsches kirchenpolitisches Programm in dem Augenblick in Erinnerung bringt, da der Reichskanzler mit dem seinigen am Ende ist? Dass es ihm dabei nur um die Sache des Vaterlandes zu thun ist, nicht um die Nerven seines Freundes, hätten Sie zu versichern kaum nothwendig gehabt. Im Augenblick drohender Gefahr — und wer sollte

eine solche nicht in dem Schatten des Nuntius erkennen?
— schweigt jede persönliche Empfindlichkeit. Unterdessen
— Gott sei es gedankt — ist die Gefahr der Nuntius-Nähe
etwas minder dringend geworden. Ihre guten Rathschläge bewahren aber dennoch das höchste Interesse. Nach meiner
Ueberzeugung, wie nach der Ihrigen ist der baldige glückliche Abschluss des nunmehr siebenjährigen Culturkampfes
für Kaiser und Reich eine Lebensfrage ersten Rangs. Wie
der Kanzler mit den Socialisten fertig wird, ist mir niemals
bange gewesen. Er schiesst sie um wie Kegel, und wenn
sie nicht gleich todt sind, so ist das ihre Sache. Dass aber
die Dynastie der Hohenzollern nicht gesichert und das neue
Reich nicht befestigt werden kann, so lange die religiösen
Gefühle von 15 Millionen deutscher Bürger schreienden
Missstimmungen preisgegeben sind, das ist ein Axiom,
welches zu bezweifeln nur der Unverstand berechtigt ist.

Ich halte eben deshalb dafür, dass kein Staatsmann
sich ein grösseres Verdienst um Kaiser und Reich erwerben
könnte, als derjenige, welcher das richtige Verhältniss des
preussischen Staates zu den Katholiken wieder herzustellen
im Stande wäre. Dass dieses dem Fürsten Bismarck bis jetzt
nicht gelungen, das sieht heutzutage wohl Jedermann ein, —
Seine Durchlaucht selbst nicht ausgenommen. Aber gestatten Sie, lieber Graf, Ihnen offen zu sagen, dass ich die
Lösung dieser schwierigen Aufgabe noch viel weniger
in dem Essay eines Dilettanten zu erkennen vermag.
Weshalb? Das werde ich sogleich des Näheren ausführen,
wenn mir der Vorzug gestattet bleibt, mit Ihnen mich zu
unterhalten.

Fürchten Sie jedoch nicht, Excellenz, dass ich Ihrem

Essay mit der Leidenschaftlichkeit entgegentrete, welche, wie Sie so schmerzlich bedauern, ein Theil der ultramontanen Presse sich erlaubt hat. Ich bin nicht ganz verschlossen gegen ultramontane Argumente; aber mein Urtheil, so hoffe ich, ist unabhängig genug, um Graf Arnim's edles Streben auch dann zu würdigen, wenn es weder von den richtigen Grundsätzen geleitet, noch von dem Erfolge gekrönt ist.

Mögen Andere ihre Huldigung jenen Männern darbringen, welche im Sonnenglanze blöden Glückes ihre Irrthümer und Schwächen verbergen, — ich verehre das Genie, welches im Missgeschick seine Fehler gesteht, ohne auf frommes Streben zu verzichten. Diese moralische Grösse tritt in Ihrem Essay, Herr Graf, in ganz besonderem Maasse hervor. Wo findet sich ein anderer Mann von Botschaftersrang, welcher seinen Schriften und Thaten eine so naturgetreue Bezeichnung zu geben die Bescheidenheit hat? »Pro nihilo!« So charakterisiren Sie in der geistreichen Aufschrift Ihrer vorletzten Schrift Ihre politische Thätigkeit in Paris, und »Essay von einem Dilettanten« betiteln Sie, nicht minder naturwahr, Ihre langjährigen kirchenpolitischen Bemühungen in der ewigen Stadt. Wer wollte einer so edelsinnigen Bescheidenheit die Bewunderung versagen? Wer nicht der Ueberzeugung leben, dass ein Mann von solcher Selbsterkenntniss die Wahrheit nur zu erkennen nothwendig hat, um ihr zu dienen? Was aber meine Sympathie für Ihre Person, Herr Graf, und für den Essay des Dilettanten ganz besonders hervorruft, das ist die Reinheit der Absicht, welche sich als der Grundzug Ihres Strebens darstellt. Was kann es Ansprechenderes geben, als die fromme Einfalt, mit der Sie am Schlusse Ihres Briefes an den Verleger als obersten Grundsatz der ganzen Wirksamkeit des Dilettanten, und zugleich als Geheimmittel der preussischen Staatskunst das Wort des Herrn bekennen: »Trachtet zuerst nach der Gerechtigkeit.« Gott segne Sie für dieses Wort, lieber Graf. Gott segne Sie dafür mit dem Segen Abrahams, Isaaks und Jacobs, und wenn das nicht genug ist, mit dem Segen, welcher Esau entging. Wenn dieses Wort zur Wahrheit würde, dann wäre ja mit einem Schlag in unserem lieben Deutschland der Friede wiederhergestellt. Der Nuntius würde uns dann sofort als Zugabe zu Theil werden, oder was noch schöner wäre, dann brauchten wir gar keinen Nuntius in Berlin, und wenn er doch käme, dann hätten wir ihn erst recht nicht nöthig. Ein Briefbote oder gar eine Brieftaube würde genügen, die Conflicte zu beschwören, welche unser Volk zerwühlen und welche der Dynastie der Hohenzollern den grössten Moment ihrer Geschichte verderben. Darum noch einmal, lieber Graf! Gott segne Sie dafür, dass Sie zu dieser Stunde dieses Geheimniss uns verrathen. Niemand kann dessen Zauberkraft tiefer empfinden, als Ew. Excellenz

ergebenster

..... Minranov.

Zweiter Brief.

Wie Graf Arnim liebt.

Ew. Excellenz

wollen mir gestatten auf den Brief zurückzukommen, in welchem Sie den Verleger ermächtigen, den Namen des Dilettanten zu nennen. Ich finde hier eine Stelle, welche mich seltsam berührt — so seltsam etwa wie der Anblick eines Apfels, dessen eine Seite mich mit rosiger Frische anlacht, dessen andere aber mir das Bild garstiger Fäulniss darbietet.

Indem Sie die leidenschaftliche Sprache der ultramontanen Presse erwähnen, sagen Sie mit liebenswürdiger Güte: »Das thut mir leid, denn ich bewundere und liebe die katholische Kirche und weiss, was die Menschheit ihr schuldig ist.«

»Wenn die katholische Kirche heute liquidiren wollte, so würde ihr »Haben« das »Soll« um den Werth von Welten übersteigen. Indessen ist die von Rom aus regierte Kirchengemeinschaft immer mehr »römisch« oder »vaticanisch«, immer weniger »katholisch« geworden.

Zuletzt hat sie, indem sie sich auf immer engerem Boden localisiren liess, einem Halbgott-Mitregenten sich unterworfen, der nun der Mittler sein soll zwischen Gott und der Menschenseele.«

Graf Arnim bewundert und liebt die katholische Kirche! Wie schön, wie gross, wie edel! Er gibt ihrem Contocorrente einen Ueberschuss von Welten! Wie freigebig und doch zugleich wie kaufmännisch exact! Nur schade, dass man nicht recht weiss, welches diese Kirche ist, die sich der Bewunderung des Grafen Arnim erfreut. Ist es die katholische Kirche, welche in den Catacomben sich verbarg? oder jene, welche Constantin und seine Nachfolger bekannten? oder die Kirche, welche den Barbaren mit ihrer friedlichen Autorität gegenüber trat? oder die Kirche des Mittelalters, welche die Civilisation des Abendlandes begründete? oder die Kirche der Neuzeit, welche in dem Concil von Trient der sog. Reformation sich entgegenstellte?

Wenn Sie in Wahrheit die katholische Kirche lieben und bewundern, Herr Graf, so müssen Sie ihr mit diesem Gefühle durch alle Jahrhunderte folgen. Denn ihre Natur und Wirksamkeit ist in allen dieselbe geblieben, wie sehr auch die Verhältnisse wechselten, unter denen sie lebte, und die Schwierigkeiten, mit denen sie rang. Weder ihre Lehre, noch ihre Verfassung hat irgend welche wesentliche Abänderung erlitten. Nur eine Entwickelung hat stattgefunden, wie sie in dem Organismus stattfindet, dessen Glieder erstarken und dessen Kräfte sich entfalten.

Aber »indessen«, sagen Sie, »ist die von Rom aus regierte Kirchen-Gemeinschaft immer mehr »römisch« oder »vaticanisch«, immer weniger »katholisch« geworden!« »Indessen« — darf ich bitten, Herr Graf, welches Datum mit diesem Worte angedeutet ist. So lange die katholische Kirche in dem Bischof von Rom den Nachfolger des heiligen Petrus erkennt, hat sie stets mit den Vätern in der römischen Kirche die »Vorsteherin des Liebesbundes«, die »Mutterkirche«, den »Mittelpunkt aller Christen« erkannt. Seitdem die Päpste zeitweilig im Vatican wohnen, hat sie auch dort die Nachfolger des heiligen Petrus verehrt. Sie würde sich glücklich schätzen, sie auch in dem Quirinal zu verehren, wenn der Nachfolger Victor Emanuels die Güte haben würde, dem VII. Gebot in Rom wieder Gesetzeskraft zu geben. Aber mit dieser Anerkennung ihres Hauptes und Mittelpunktes hat sie sich keineswegs localisirt oder gar verengt; vielmehr hat sie sich gerade dadurch als die Weltkirche erwiesen, dass sie von einem Mittelpunkte aus das religiöse Leben aller Völker beherrscht. Der Verkehr zwischen der römischen Kirche und den Kirchen der anderen Länder ist stets derselbe gewesen. In allen Jahrhunderten sind die Bischöfe und Gläubigen nach der ewigen Stadt gepilgert und haben die Päpste ihre Boten in alle Länder gesendet. Es ist eine vollständig inhaltslose Phrase — verzeihen Sie mir den Ausdruck, Herr Graf, — wenn Sie sagen, die katholische Kirche sei im Verlauf der Zeit immer mehr römisch oder gar vaticanisch geworden.

Es ist aber mehr als eine Phrase, es ist eine offenkundige Unwahrheit und eine sehr boshafte und ganz abscheuliche Entstellung, wenn Sie weiter sagen: »zuletzt habe sich die katholische Kirche einem Halbgott-Mitregenten unterworfen, der nun der Mittler sein soll zwischen Gott und der Menschenseele.«

Die Verhandlungen des vaticanischen Concils sind Ihnen, Herr Graf, nicht fremd geblieben. Sie haben so oft zu Füssen der Bischöfe gesessen, um sich über die Bedeutung der Infallibilität des Papstes belehren zu lassen. Sie haben in Ihrer Mappe Promemoria's und Notizen der hervorragendsten Gelehrten über den Sinn der vaticanischen Decrete. Aber die Hand aufs Herz, Herr Graf! Hat Ihnen auch nur ein einziger dieser Herren gesagt, dass in Folge des Vaticanums der Papst als Halbgott-Mitregent Mittler zwischen Gott und der Menschenseele geworden sei?

Die katholische Kirche kennt nur Einen Mittler zwischen Gott und der Menschenseele, getreu den Worten des Apostels (1. Tim. 2.): Einer ist der Mittler Gottes und der Menschen, Christus. Dieser Eine Mittler hat, so bekennt die Kirche weiter mit demselben heiligen Paulus (1. Cor. 4. 12.), die Apostel zu seinen Dienern und zu Ausspendern der Geheimnisse Gottes bestellt. Kraft dieser Vollmacht übt der Papst und üben die Bischöfe und Priester ihr Amt aus. Sie lehren die Lehre Christi, sie spenden die Gnade Christi und sie führen die Gläubigen die Wege Christi.

In dieser Vollmacht, welche der Papst mit den Bischöfen theilt, hat aber das Vaticanum nicht das Mindeste geändert. Es hat dieselbe nicht einmal berührt, indem es erklärte, dass der Papst, wenn er ex cathedra, d. i. in Ausübung seines obersten Lehramtes die Lehre des Glaubens verkündigt, durch den Beistand des heiligen Geistes vor Irrthum bewahrt bleibe. Die Definition der sog. Infallibilität des

Papstes constatirt nur eine besondere Gnade, welche Christus Petrus und seinen Nachfolgern mit den Worten verhiess: Ich habe für dich gebetet, damit dein Glaube nicht wanke. Wenn du gestärkt bist, so stärke deine Brüder (Lucas 12. 31.).

Wo bleibt da der Halbgott? Wo der Mitregent? Wo der Vermittler zwischen Gott und der Menschenseele? Ich bin überzeugt, verehrter Herr Graf, dass Sie über die absolute Hohlheit dieser Phrasen sich vollständig klar sind. Sie würden sich hüten, dieselben einem katholischen Dorf-Schulknaben vorzudeclamiren. Denn Sie wissen, dass er Sie sofort auslachen und mit seinem Katechismus widerlegen würde. So konnte der Dilettant nur sprechen, weil er wusste, dass man in den hohen Kreisen, in welchen sein Essay gelesen wird, von dem katholischen Katechismus keine Kenntniss hat. Aber wenn er das wusste, Herr Graf, dann musste er sich erst recht ein Gewissen daraus machen, so schwere Missverständnisse über eine Kirche zu verbreiten, welche Graf Arnim »bewundert und liebt.«

Die classische Bezeichnung des Halbgottes scheint dem Dilettanten übrigens nicht einmal zu genügen. Er gefällt sich darin, den Papst und den liebenswürdigen Monsignor Masella mit dem Teufel zu vergleichen, indem er die Kissinger Verhandlung mit der Versuchung des Herrn zusammenstellt. Die Vergleichung ist in vieler Hinsicht pikant, und namentlich der Freund in Berlin wird nicht am wenigsten erstaunt sein, dass Graf Arnim die Gewogenheit hat, ihm die Stelle des Gottessohnes zuzuweisen. Aber schön und geschmackvoll kann ich diese Anspielung doch nicht finden. Ich habe mir immer dazu Glück gewünscht, dass man heute nicht mehr, wie zu Luthers Zeiten, mit dem Teufel um sich wirft. Mein Gefühl hat mir stets gesagt, das sei gegen den guten Ton. Excellenz scheinen dieses auch selbst zu fühlen, wenigstens entschuldigen Sie Ihre Ausdrucksweise mit anderen energischen Redewendungen, an denen die officielle Sprache der vaticanischen Kirche so reich sei. Als solche denunciren Sie ein Wort des P. Perrone. Sie sagen:

»Wenn Se. Heiligkeit der Papst Leo XIII. die Gnade haben wollte, die Definitionen des Jesuiten Perrone — sie finden sich in dem von der Curie eingeführten italienischen Katechismus — zu anathematisiren, welche folgendermaassen lauten:

»Die Protestanten sind der Abschaum der Büberei und der Unsittlichkeit in jedem Lande« (also auch in Preussen, wo der mächtige Kaiser der berühmten deutschen Nation Protestant sein soll), oder »der Protestantismus und die Begünstiger des Protestantismus sind auf dem sittlichen und religiösen Gebiete das, was die Pestkranken auf dem physischen sind.«

»Wenn Se. Heiligkeit diese Sätze ex cathedra verdammen wollte, so würden wir in Deutschland vielleicht anfangen, darüber nachzudenken, ob nicht dennoch mit der »Roma semper eadem!« ein Bund zu flechten ist.«

Was wohl ein ehrlicher Protestant diesseits der Alpen denken mag, wenn er diese kurzen Sätze arglos liest? Diese Frage haben Sie sich doch wohl selbst vorgelegt, lieber Graf, und es ist um so sicherer anzunehmen, dass Sie sich dieselbe auch beantwortet haben, da Sie dieselbe ausdrücklich an die Adresse Seiner Majestät des deutschen Kaisers richten! Sie denunciren in der Person des P. Perrone die katholische Kirche am höchsten Ort.

Das ist keineswegs Ihrer würdig, Herr Graf. Aber es ist um so unwürdiger, weil die ganze Denunciation auf einer groben Täuschung beruht. Die Worte, welche Sie dem P. Perrone entnehmen, sind in einer vor 25 Jahren erschienenen Privatarbeit desselben enthalten, welche allerdings den Titel führt »Katechismus«, welche jedoch nicht von der Curie eingeführt ist, überhaupt nicht in irgend einer Schule gebraucht wird und eben deshalb auch nicht als Beispiel der officiellen Sprache der Curie angezogen werden kann.

Die Worte des P. Perrone sind, wie aus dem Zweck seiner Schrift sich ergibt, gegen jene Protestanten und jene Begünstiger des Protestantismus gerichtet, welche in den letzten Jahrzehnten, unter dem Schutz gewisser Gesandtschaften, in Italien auftraten. In welchem Umfang das strenge Urtheil des P. Perrone auf diese Anwendung findet, werden Ew. Excellenz bei den langjährigen nahen Beziehungen, in welchen Sie zu der italienischen Bewegung stehen, besser ermessen, als ich; dass eine grosse Anzahl jener Wühler, welche, wie jüngst erst der Meuchelmörder Passanante, unter der Maske des Evangeliums die politische Revolution betrieben, in der That es verdienen, dürfte wohl zugestanden werden müssen.

Aber P. Perrone ist weit entfernt, diesen Satz auf jene Protestanten zu beziehen, welche im Protestantismus geboren mit redlicher und ernster Ueberzeugung Protestanten sind. Hat er ja doch selbst in diesem wie in anderen Werken sich in ganz entgegengesetzter Weise ausgesprochen. Gewiss würde auch Leo XIII. nicht anstehen, sogar officiell, wenn es etwa Se. Majestät der Kaiser wünschen sollte, seine Missbilligung über diese Ausdehnung des von P. Perrone gefällten Urtheils auszusprechen.

Dass aber Seine Heiligkeit diese Sätze ex cathedra verdamme, das, Herr Graf, kann freilich nur ein Dilettant verlangen. Ein Anathem kann man nur über falsche Glaubens-Sätze aussprechen. Hätte P. Perrone etwa behauptet, die Taufe, welche die Protestanten spenden, sei ungiltig, so würde Leo XIII. ohne Zweifel die Canones und Anatheme erneuern, welche in dem Ketzer-Taufstreit des 3. Jahrhunderts erlassen wurden. Aber dass die Protestanten Italiens auf dem sittlichen und religiösen Gebiete das seien, was die Pestkranken auf physischem Gebiete sind, dieses Urtheil über die einzelnen Personen ist weder ein wahrer noch ein falscher Glaubenssatz; das ist ein aus der Geschichte Italiens abstrahirter Erfahrungssatz, welcher in einzelnen Fällen zutreffen mag, in dieser Allgemeinheit aber, in welcher Ew. Excellenz ihn fassen, eine sehr leichtfertige und lieblose Behauptung wäre — ebenso leichtfertig und lieblos, als die Charakteristik der Jesuiten und Ultramontanen ist, die Ew. Excellenz ohne Zweifel schon tausendmal in viel kräftigeren Ausdrücken zu lesen bekamen, als sie P. Perrone gebraucht, und welche theilweise sogar in officiellen Actenstücken Aufnahme gefunden hat.

Doch wir wollen mit einander nicht abrechnen. Besser wir bitten einander ab. Ich thue dies im Namen des bösen P. Perrone von Herzen. Das Anathem des unfehlbaren Papstes ist wohl überflüssig, wo die Sprache der Liebe so mächtig spricht. Darum könnten wenigstens wir beide, Sie und ich, P. Perrone zum Trotz darüber nachdenken, ob nicht dennoch mit der Roma semper eadem ein Bund zu flechten sei. Ich werde mir erlauben Ihnen hierüber in dem folgenden Brief meine Gedanken auszusprechen. Aber fürchten Sie ja nicht, dass ich Ihnen den Teufelspact anbiete, mit dem Sie den liebenswürdigen Monsignor Aloisi zu belasten die Freundlichkeit hatten. Ich verlange keine Anbetung von Ihnen, weder für den Papst noch für mich. Alles was ich verlange, ist, dass Sie an die Aufrichtigkeit glauben, mit der ich bin Ew. Excellenz

ergebenster

..... Minranov.

Dritter Brief.

Verlorene Liebesmühe.

Hochgeborener Herr Graf!

Der Essay des Dilettanten stellt folgende Antithese an die Spitze seiner Ausführungen:

In der diplomatischen Welt hatte man sich seit Jahren und bis zum Beginne der jetzigen Krisis mehr und mehr daran gewöhnt, die befriedigende Lage, in welcher sich die katholische Kirche in Preussen befand, als das Resultat der mit besonderer Geschicklichkeit gepflegten Beziehungen des Berliner Hofes zum Vatican anzusehen.

Wer aber die Geschichte und den Werth unserer diplomatischen Stellung in Rom kannte, hat nicht die Erlebnisse der letzten Jahre abzuwarten gebraucht, um von der Besorgniss erfüllt zu werden, dass die Intimität zwischen Rom und Berlin ein trügerisches Spiegelbild erzeugt hatte, von dem wir uns, einem falschen Schein zu Liebe, fortwährend irre führen liessen.

Der eine wie der andere Satz erhält eine nähere Begründung in Folgendem:

Die preussische Regierung, so wird zunächst ausgeführt, hoffte, dass die Aufrechterhaltung guter diplomatischer Beziehung zum römischen Hof unter zwei Gesichtspunkten erleichtert werde.

Die Katholiken Preussens, sowie die ausserhalb Preussens stehenden Katholiken sollten dadurch eine Beruhigung erhalten, und zugleich sollte der Papst für die Interessen Preussens verpflichtet werden.

Diese Hoffnung habe zwar die Logik für sich; in der That aber sei sie keineswegs in Erfüllung gegangen; aus der so sorgfältig gepflegten Intimität habe nur der Papst profitirt.

Sein Hauptinteresse sei es und müsse es immer sein, von den einstweilen bestehenden, nicht katholischen Regierungen als Papst anerkannt zu werden.

Diese Anerkennung in Anspruch zu nehmen aber sei die stärkste Zumuthung, welche an die Accommodations-Fähigkeit des Staatslenkers gestellt werden könnte.

Ein evangelischer König von lebhafter religiöser Ueberzeugung könne den Papst als einen von Gott ihm beigegebenen Mitregenten in seinem Lande nur anerkennen, wenn er vermag, sich und seine Persönlichkeit mit Selbstverleugnung bei Seite zu stellen.

Die preussischen Könige, in pflichttreuer Ausführung ihres landesväterlichen Berufs, hätten dieses vermocht. Die Deferenz gegen Rom sei unter Friedrich Wilhelm IV. aufs äusserste gepflegt worden, und selbst noch im Jahre 1868 sei Pius IX. bei seinem Priesterjubiläum mit einer ausserordentlichen Botschaft beglückt worden. Das Alles aber, so schliesst die Ausführung, war **überflüssig und fruchtlos.** »Die Intimität mit Rom hat nicht dahin geführt, vom Papst Concessionen oder Hülfe in auftauchender Schwierigkeit zu erlangen. All unser Werben um Rom war verlorene Liebes-Mühe....« Die ausschliesslich von antipreussischen Einflüssen beherrschten Empfindungen des Vaticans, liessen sich durch keine diplomatische Verbindlichkeit aus den Bahnen drängen, auf welchen sie von Anfang her durch ihren Instinct festgehalten worden sind.

Verzeihen Sie, verehrter Herr Graf, wenn ich Sie mit meiner etwas schwerfälligen Reproduction der so geistreichen Ideen des Dilettanten ermüdet habe. Es war mir aber Bedürfniss, den Gedankengang im Ganzen mir klar zu machen, ehe ich darauf erwidere. Zu erwidern habe ich nicht Weniges. Die Darstellung des Dilettanten macht mir den Eindruck einer feinen Carricatur-Zeichnung, in welcher die Porträts deutlich hervortreten, jedes aber in einer colossalen, um nicht zu sagen abscheulichen Verzerrung.

Erlauben Sie, dass ich mich vor Allem mit dem Porträt des Papstes beschäftige. »Das Hauptinteresse des Papstes,« so sagen Ew. Exellenz, »muss immer sein, von den einstweilen bestehenden, nicht katholischen Regierungen als Papst anerkannt zu werden, d. h. als ein von jeder Regierung unabhängiger, mit besonderen von Gott verliehenen Vorrechten ausgerüsteter, allen Kaisern und Königen in Bezug auf Ursprung und Umfang seiner Autorität überlegener Souverain, dem Kraft jener Autorität Mitregierungsrechte in den Einzelstaaten zustehen.«

Ein gewaltiger Satz! wohl geeignet, Menschen von

lebhafter Phantasie in Fieberschauer zu versetzen. Denn in der That, welche stärkere Zumuthung könnte einem protestantischen Staatslenker und Souverain gestellt werden, als den göttlichen Ursprung des Papstes anzuerkennen, seiner Autorität sich zu unterwerfen und ihn als Mitregenten anzuerkennen. Uhu! Uhu! »Der Papst kommt!« so muss es wohl mit schauerlichem Ton in Berlin rufen, nachdem schon der Ruf »Der Nuntius kommt« einen so blassen Schrecken hervorrief.

Aber man beruhige sich, der Dilettant hat nur eine Carricatur gezeichnet. Kein Papst verlangt von einer protestantischen Regierung, dass sie ihn als solchen für sich selbst anerkenne. Er verlangt nur, dass sie die Thatsache anerkenne, dass der Papst das geistliche Oberhaupt der in ihrem Lande wohnenden Katholiken ist. Kein Papst fordert von dem König von Preussen, dass er sich seiner Autorität unterwerfe. Der Papst fordert nur, dass der König die Thatsache anerkenne, dass seine katholischen Unterthanen in geistlichen Dingen der Autorität des Nachfolgers des heiligen Petrus unterworfen sind. Kein Papst nimmt Mitregierungsrechte in irgend einem Staate der Erde in Anspruch. Er macht nur Anspruch darauf, die religiösen Angelegenheiten des katholischen Gewissens zu ordnen und eine geistliche Regierung über die Individuen auszuüben, welche in dem katholischen Glauben mit ihm vereinigt sind.

Ich bitte Ew. Excellenz, dieser meiner bescheidenen Correctur Ihres Satzes einige Beachtung zu schenken. Es liegt auf der Hand, dass sie dem Bild des Papstes einen wesentlich anderen Ausdruck gibt.

Mit dieser Einschränkung und in dieser bestimmten

Beziehung kann und muss jeder Protestant den Papst anerkennen, wofern er überhaupt anerkennt, dass es Katholiken gibt, welche nach ihrer Façon selig zu werden das Recht haben. Der allgemeine Satz aber, den Sie aufstellen, Herr Graf, ist, wie Ihnen jeder Katholik sagen wird, eine schroffe Uebertreibung und eine unwahre Entstellung, welche nur darauf berechnet scheint und in der That geeignet ist, Protestanten in ihrem Innersten aufzuhetzen.

Ich weiss, lieber Graf, dass das keineswegs Ihre Absicht ist; Sie reden nur so, weil Sie es nicht besser verstehen, und zugleich weil es so hübsch ist, geistreiche Carricaturen zu zeichnen. Aber nicht bloss vom Papste zeichnen Sie eine Carricatur, auch von dem Fürsten, welchen Sie in Rom zu vertreten die Ehre hatten.

Ein evangelischer Fürst, so sagen Ew. Excellenz mit einem schmerzlichen Seitenblick auf die preussischen Könige, kann den Papst als einen von Gott ihm beigegebenen Mitregenten in seinem Lande nur anerkennen, wenn er vermag, sich und seine Persönlichkeit mit Selbstverleugnung bei Seite zu stellen.

Ein Fürst, der sich und seine Persönlichkeit bei Seite stellt! Das Bild ist ergreifend, lieber Graf, und es sollte mich nicht verwundern, wenn es die beabsichtigte Wirkung hervorbringen sollte. Aber Carricatur ist es dennoch und zwar eine ganz hässliche. Ein evangelischer Fürst hat dem Papste gegenüber keine andere Selbstverleugnung zu üben, als diejenige, welche alle Sterblichen zu üben haben, wenn sie dem Nächsten geben, was ihm gehört, oder noch einfacher, wenn sie ihm nicht nehmen, was er hat. Er hat ganz und gar nicht nothwendig, sich und seine Persönlichkeit bei Seite zu stellen und sich in die Seele Anderer zu versetzen, um den Papst als geistliches Oberhaupt seiner katholischen Unterthanen anzuerkennen. Er hat nur der Stimme seines Gewissens zu folgen, welches ihn verpflichtet, das Recht derjenigen zu achten, die Gott seiner Autorität unterstellt hat.

Es stund den preussischen Königen frei, die Regierung der katholischen Länder anzutreten. Es steht ihnen heute noch frei, auf dieselbe zu verzichten. So lange sie Katholiken welche berechtigt sind, Katholiken zu sein, in ihren Staaten haben, so lange sie von denselben Steuern und Militärdienste annehmen, so lange sie überhaupt ihnen die Rechte und Pflichten der Bürger zugestehen, sind sie auch verpflichtet, den Papst als deren geistliches Oberhaupt anzuerkennen. Die Erfüllung dieser Pflicht könnte den evangelischen Fürsten nur dann schwer fallen, wenn sie das sogenannte jus reformandi oder den Grundsatz »cujus regio ejus religio« festhalten wollten. In diesem Fall wäre selbstverständlich keinerlei Verhandlung mit dem Papste am Platz, weil für die Katholiken selbst in den Staaten solcher Fürsten kein Platz wäre. Es würde dann einfach Allerhöchst vorgeschrieben sein, was die Unterthanen zu glauben haben, und die Polizeidiener und Gensdarmen würden alles Weitere besorgen.

Das waren schöne Zeiten, nicht wahr, Herr Graf? Heute aber wird hoffentlich kein deutscher Fürst zu dieser schmachvollen Prätension des 16. Jahrhunderts zurückkehren und kein deutscher Diplomat wird gewissenlos genug sein, dieselbe zu vertheidigen. Die Gleichberechtigung der katholischen und evangelischen Confession ist in Preussen, wie in allen deutschen Staaten, ein Fundamentalsatz des öffentlichen Rechtes. Völkerrechtliche Stipulationen haben sie festgestellt und die Ehre der preussischen Krone ist dafür verpfändet.

Sind aber die Katholiken berechtigt, als solche zu existiren, so ist auch der Papst berechtigt, als ihr Oberhaupt zu handeln, und ist folgerichtig der König von Preussen verpflichtet, ihn als solches anzuerkennen und mit ihm über Alles das zu verhandeln, was zur staatsrechtlichen Ordnung der Verhältnisse der katholischen Kirche gehört; über Alles das — sonst aber über Nichts.

Im Uebrigen steht es den evangelischen Fürsten, wie den evangelischen Staatsmännern frei, von der biblischen und dogmatischen Berechtigung des Papstes zu denken, was immer ihnen gefällt. Sie könnten ihn füglich als Usurpator göttlicher Rechte ansehen, wenn der Stand ihrer theologischen Kenntnisse nicht höher reichen sollte. Es ist ganz und gar überflüssig, dass sie in ihm mit den preussischen Conservativen und beiläufig zu sagen, auch mit den edelsten protestantischen Fürsten, den Hort der Legitimität und den Schutz der Autorität erkennen.

Dass das Papstthum der Grundstein aller Rechtsordnung ist, bestätigt das Zeugniss der Geschichte und namentlich der Geschichte dieses Jahrhunderts; aber, wie gesagt, den evangelischen Fürsten und Staatsmännern steht es vollkommen frei, ihre Legitimität und Autorität auf die Bibel allein, oder auf die Confessio Augustana, oder den bekannten rocher de bronce, auf ihre höchsteigene Souveränität zu gründen. Eines nur wird ihnen zugemuthet, dass sie die staats- und völkerrechtlich anerkannte katholische Kirche als solche behandeln und darum auch die in ihrer Verfassung gegebene Stellung des Papstes als Oberhaupt derselben anerkennen. Diese Zumuthung ist ebensowohl begründet, als die Zumuthung, dass sie das Privat-Eigenthum ihrer Unterthanen achten und über dessen Erwerbung mit dem rechtmässigen Eigenthümer in Verhandlung treten.

Was ist einfacher und natürlicher, verehrter Herr Graf? Aber eben diese so einfache und natürliche Auffassung des Verhältnisses der evangelischen Fürsten zu dem Papst fehlt dem Dilettanten vollkommen.

Er spricht nur von päpstlicher Anmassung und evangelischer Selbstverleugnung; von dem, worauf es ganz allein ankommt, von gegenseitigen Rechten und Pflichten, redet er nicht. Die Beziehungen der Regierung zu dem Papste sind in seinen Augen nur dazu da, etwas für den Augenblick zu profitiren; um irgend welch höheres und bleibendes Interesse handelt es sich nicht. Er sammelt die Plaudereien der Camerieri des Vaticans, um heute nach Berlin zu melden, es habe irgend Jemand (beim Frühstück schon?) den Herrn von Bismarck die Incarnation des Teufels genannt, morgen aber eben so feierlich zu berichten, Cardinal Franchi — faiseur im besten Sinne — habe 1866 dem Papst den Beruf zugeschoben, Preussen von dem Scheine der Kleptomanie zu reinigen und seine Suprematie anzuerkennen. Ueber diese Plauderei aber reicht der Blick des Dilettanten nicht hinaus.

Ich bin darüber nicht erstaunt, verehrter Herr Graf! Das ist ja gerade die Art des Dilettanten, das Unwichtige zu betonen, das Wichtige aber zu vergessen. Ich bin aber eben deshalb auch nicht erstaunt, dass — bei solcher Auffassung der Verhältnisse, das Bemühen der preussischen Gesandtschaft sich schliesslich als verlorene Liebesmühe herausstellte.

Nach jeder Richtung hin — so rufen Sie emphatisch aus — ist unser Bemühen überflüssig und fruchtlos gewesen. Inwiefern überflüssig? davon später. Warum fruchtlos, das erlauben Sie mir sogleich mit den Worten Ihres hochverdienten Vorgängers Niebuhr zu sagen: »Mit Rom,« so schreibt dieser, »ist leicht unterhandeln, wenn man nur ehrlich ist.« Niebuhr war ehrlich, darum gelang es ihm die Bulle de salute animarum zu erwirken, durch welche die katholische Kirche in Preussen mit sorgfältiger Wahrung der Interessen des Königs reorganisirt wurde.

Aber Niebuhr's Axiom sollte nur zu bald sich in umgekehrter Weise bewähren. War nicht Josias Bunsen's Thätigkeit eine Kette von Unredlichkeiten und Täuschungen? Hat er nicht officiell den heiligen Stuhl betrogen, indem er die von ihm mit dem Erzbischof Spiegel abgeschlossene Convention über die Behandlung der gemischten Ehen leugnete? Ja mehr noch! hat er nicht offen den Beruf sich zuerkannt, von dem Capitol aus den Thron des Papstes zu unterwühlen? Erlaubt er sich ja sogar in einem seiner Sonnette dem Pontifex maximus zuzurufen:

> Schau hier im Fels, an dem Du sollst zerschellen,
> Der grollest auf dem Zauberberge drüben,
> Ist des Geschickes Nagel eingetrieben,
> Wie sich's gebührt, an Capitoles Schwellen.

Dass bei solcher Gesinnung das Werben um Rom nicht leicht von Statten ging, begreift sich. Freilich die späteren Vertreter Sr. Majestät des Königs von Preussen fassten ihre Stellung auf dem Capitol minder tiefsinnig auf und führten sie minder stürmisch aus. Sie begnügten sich die evangelische Gemeinde in Rom zu pflegen, und die Forschung der deutschen Gelehrten zu unterstützen. Unter der Regierung des wohlwollenden und gerechten Königs Friedrich Wilhelm IV. und unter dem Schutz der Verfassung waren die Beziehungen der preussischen Regierung zu dem Oberhaupt der katholischen Kirche leicht zu erhalten. Wenn die Intimität zwischen Capitol und Vatican dennoch nicht so ganz warm werden wollte, so waren daran ohne Zweifel nur die feinen Lackstiefel schuld, mit welchen, wie der Dilettant sagt, die Gesandten im Vatican zu erscheinen pflegten. Ein etwas weniger lackirtes Auftreten hätte sicherlich der entsprechenden Sympathie nicht entbehrt.

Dass es dem letzten Gesandten Sr. Majestät im Vatican nicht nach Wunsch ging, ist nicht die Schuld der hohen Gaben, die ihn zieren; ebensowenig hat es ihm an Liebesmühe gefehlt. — Um von allem Anderen zu schweigen, — hat nicht Graf Arnim dem Papste in der schwersten Stunde mit der selbstverleugnendsten Hingebung zur Seite gestanden? Hat er nicht, nachdem er dem piemontesischen General die Mittheilung gemacht hatte, dass es jetzt Zeit zum Sturme sei, sich unverzüglich beeilt, an die Seite Pius' IX. sich zu begeben, um dessen Nerven während des Kanonendonners zu stärken? Und ist er nicht, nachdem er dem piemontesischen General seinen Glückwunsch dargebracht hatte, wieder unverzüglich mit demselben nach Rom zurückgekehrt, um dem Abzug der kriegsgefangenen Armee des Papstes mitleidsvoll anzuwohnen? —

Wenn trotz dieser Aufopferung der letzte Gesandte Preussens beim Vatican sich keines rechten Erfolges erfreute, und wenn gerade er mit so tiefer Melancholie in den Schmerzensruf ausbrechen muss: All' unser Werben um Rom war verlorene Liebesmühe, so ist dieses ein hoch-tragisches Missgeschick, zugleich freilich auch hoch komisch. Wie Sie es nehmen, seien Sie meines innigsten Mitgefühles versichert, verehrter Graf! Ich weiss wie sehr verlorene Liebesmühe schmerzt, und wäre es auch nur die Liebesmühe eines Dilettanten.

In tiefster Verehrung zeichnet Euer Excellenz

ergebenster

..... Minranov.

Vierter Brief.

Der Wauwau in Trunkenheit erzeugt und im Katzenjammer geboren.

Hochgeborener Herr Graf!

Mein etwas langathmiger letzter Brief musste Sie ermüden. Ich bedauere lebhaft, dass es nicht allen Menschen gegeben wurde, grosse Wahrheiten und Irrthümer in kurzen Sätzen hinzuwerfen, wie solches die unvergleichliche Meisterschaft des Dilettanten ist. Bei jeder Zeile, welche ich Ihren Ausführungen über die »verlorene Liebesmühe« entgegenstellte, habe ich diesen Mangel tief empfunden. Dieses peinliche Gefühl beherrscht mich aber noch viel mehr heute, da ich mich anschicke, Ihre Bemerkungen über das vaticanische Concil, die Infallibilität des Papstes und den sog. Papocäsarismus zu analysiren.

Mein Auge hat Mühe den gewaltigen Federzügen, oder sage ich lieber, Pinselstrichen zu folgen, mit welchen Ew. Excellenz die Entstehungsgeschichte des vaticanischen Concils darstellen.

Eine Partei steigt aus dem Boden, »welche mit bewusster Entschlossenheit den politischen und religiösen Frieden Europa's zu stören bestrebt ist.«

»Ihr Einfluss bestimmt den von mystischen Hallucinationen beherrschten Pius IX. zu einem Experiment, welches nichts Geringeres beabsichtigt, als die Aufrichtung einer die Welt umspannenden Theocratie, in deren Rahmen selbstverständlich für das evangelische Deutschland kein Platz ist. Alles was die grossen gefährlichen Päpste, Gregor VII., Bonifaz VIII., Innocenz III., gelegentlich gelehrt, soll nachträglich Dogma werden. . . . Die Bischöfe sollen in die Hände des Papstes abdanken, . . . die Grenzen zwischen Kirche und Staat unsicher gemacht werden u. s. w., u. s. w.«

Das sind die grossen Striche, mit welchen der Dilettant die Perspective des vaticanischen Concils zeichnet. An sie schliessen sich eine Reihe kleinerer, aber um so feinerer Züge an. »Man sieht die bekanntesten Galopins der französischen Fanatiker jeden Geschlechts in Rom einrücken, geleitet von einer hohen Stelle, welche die von ihr heraufbeschworene petite guerre zu einer katholischen zu machen die Caprice hat. — Man muss ferner sehen, wie das Gewissen der deutschen Bischöfe, der Repräsentanten der deutschen Nation, von italienischen Bischöfen vergewaltigt wird, von Bischöfen, deren Namen unbekannt und deren Diöcesen microscopisch sind. Zuletzt erscheint der Papst selbst mit einer Armee von 10,000 dem geistlichen Stande angehörigen, nur ihm ergebenen Personen. Man sieht deutlich, wie er diese Armee manövriren und im Feuer exerciren lässt. Man sieht, nicht ohne Grauen, wie diese 10.000 Personen nach allen Himmelsgegenden ausziehen, um über die unter ihrer Direction stehenden Millionen rücksichtsloser Männer und leidenschaftlicher Frauen zu verfügen ... Man sieht endlich den Papst mit dieser grossen Armee in den Krieg ziehen — in welchen Krieg? In den Krieg gegen die moderne Welt, gegen die moderne Civilisation — in den Krieg gegen die evangelische Freiheit — in den Krieg gegen uns.« — — —

Das Alles, wie gesagt, sieht man in dem Essay des Dilettanten mit lebensfrischen Farben mächtig in grossen und kleinen Zügen gezeichnet, und auf dieses Bild seinen Blick heftend, ruft der Dilettant aus: So ist der Papocäsarismus entstanden: In der Trunkenheit erzeugt — im Katzenjammer geboren!

Schon wiederholt, Excellenz, habe ich die Selbstverleugnung bewundert, mit der sich Ihr Dilettant darin gefällt, seine eigene Thätigkeit zu persifliren. Auch in dieser Stelle finde ich diesen eigenthümlichen Charakterzug.

Das Schlachtenbild, welches Sie hier gezeichnet haben, ist in der That so zu Stande gekommen. In der Trunkenheit erzeugt, im Katzenjammer geboren! Nur eine trunkene Phantasie ist im Stande, die Thatsachen so zu verzerren, wie es in Ihren Schilderungen geschieht, und nur der Katzenjammer kann zu dem Gewimmer sich hinreissen lassen, mit dem Sie die Zerstörung der modernen Civilisation, den Untergang der evangelischen Freiheit und die hereinbrechende Barbarei, als Folge der Infallibilität des Papstes beklagen.

Derartige psychologische Stimmungen lassen kaum eine vernünftige Discussion zu. Aber ich verzichte auf eine solche doch nicht ganz. Ein lichter Augenblick muss sich denn doch noch erhaschen lassen, um an Graf Arnim die bescheidene Frage zu richten, ob es der Würde eines deutschen Staatsmannes entspricht, in dieser Weise eine Versammlung zu besprechen, welche allen katholischen Nationen und auch den 15 Millionen deutscher Katholiken Gegenstand der Ehrfurcht ist, deren Glaubensbekenntniss das Glaubensbekenntniss aller deutschen Bischöfe ist und deren Beschlüsse von 200 Millionen lebender Menschen heilig gehalten werden.

Ich verlange von Ew. Excellenz durchaus nicht, dass Sie alle einzelnen Personen, welche bei dem Concil mitzuwirken befugt waren, als fehlerlose und über jede Schwäche erhabene Seelen verehren. Die Bischöfe und Theologen haben ihre Menschlichkeiten und bringen dieselben auch zu den Versammlungen mit, für deren Berathungen die Kirche den Beistand des heiligen Geistes erfleht, und in deren endgültigen vom Papst bestätigten Beschlüssen sie die Wirksamkeit des heiligen Geistes verehrt. Ich verbiete Ihnen nicht, über die Prälaten, welche Ihnen trauten, zu scherzen. Noch viel weniger verüble ich Ihnen, wenn Sie sich mit einigen feinen Nadelstichen gegen jene sonst sehr respectablen und zum Theil sehr liebenswürdigen Wesen wenden, welche nach einem alten kirchlichen Canon in der Kirche zu schweigen haben und welche dennoch — einem ungebetenen Mückenschwarm gleich, — die Concilsväter umschwärmten. Die sogenannten Matriarchen haben an sich nicht viel zu bedeuten; ihre Stacheln sind nicht giftig und ihr Gesumse erzeugt keinen Honig. Geärgert aber haben sie doch alle vernünftigen Leute nicht wenig, und ich halte niemand für mehr berechtigt, sie dafür zu strafen, als den Gesandten, welcher am meisten von ihnen umschwärmt war und auch am häufigsten mit ihnen ausschwärmte.

Auf dieses Gebiet aber sollten Ew. Excellenz sich beschränken. Von den ernsten Berathungen des Concils sollten Sie nicht sprechen. Wenn Sie dies aber dennoch nicht lassen können, so sollten Sie wenigstens sich dabei jener Sprache bedienen, welche der Sache entspricht.

Ich muthe Ew. Excellenz keineswegs zu, alle Tugenden des Fürsten Bismarck zu imitiren. Aber etwas Anstand könnten Sie von ihm doch entlehnen. Ein Dogma, welches so vielen Millionen deutscher Bürger heilig ist, — so sagt der Kanzler, — muss auch von uns respectirt werden. — Das ist die Sprache eines Staatsmannes und zugleich die Sprache eines anständigen Mannes. Wenn der Kanzler von diesem Sprachgefühl sich nicht immer leiten liess, wenn er in einzelnen rhetorisch angeregten Momenten im Reichstag und später in der Papstwahl-Depesche auch ein bischen in den Ton Ihrer Frescomalerei zu fallen sich erlaubte, — so hat er doch die nüchterne Auffassung, die er der Eröffnung der Concilsverhandlungen entgegenbrachte, bald wieder aufzunehmen verstanden. Er hat die Belehrung, welche ihm die deutschen Bischöfe in ihrer herrlichen, vom heiligen Stuhl ausdrücklich bestätigten Erklärung über die Tragweite der vaticanischen Beschlüsse zu Theil werden liessen, sich zu Herzen genommen und sich zur Pflicht gemacht, das dogmatische Gebiet der katholischen Kirche von dem Ressort des auswärtigen Amtes zu trennen.

Die einsichtsvolle Mässigung, zu welcher der Kanzler in dieser Frage zurückkehrte, hat nach Schluss des Concils bei allen deutschen Regierungen Platz gegriffen. Sie erkannten, um die Worte des damaligen Ministerpräsidenten von Hessen anzuführen, dass sie einen verfassungsmässig zu Stande gekommenen Beschluss der katholischen Kirche als für die Katholiken rechtsgültige Entscheidung anerkennen müssten.

Wie in Hessen, so hat man auch in Bayern, Württemberg und Baden sich begnügt, diejenigen Katholiken, welche den Vaticanischen Beschlüssen sich nicht unterwerfen wollten, des staatlichen Schutzes zu versichern und zugleich gegen etwaige Versuche der Kirche sich zu verwahren, aus diesen Beschlüssen Ansprüche abzuleiten, welche die Beziehungen der katholischen Kirche zu der Staatsgewalt zu alteriren geeignet wären. Das Eine wie das Andere war überflüssig. Die katholische Kirche hat gegen die Altkatholiken keinerlei Zwang ausgeübt; sie haben sich selbst gerichtet, und ihre Agitation ist seitdem trotz der ihnen von einigen Regierungen zu Theil gewordenen Protection in Nichts zerflossen.

Auch die Wahrung der Staatshoheit gegen die Ansprüche des »Infallibilismus« hat sich als höchst überflüssig erwiesen. Man brauchte ein bischen Wind, um die schwachen Motive, mit welchen die Maigesetzgebung vorgestellt wurde, etwas in Schwung zu bringen und die Parlamentscompagnien zur Attaque zu treiben. Aber im Grund glaubte doch kein Minister in Preussen oder Hessen oder Baden an die Gefahr der dem Papste zuerkannten Infallibilität. Ja man schämt sich heutzutage aufrichtig des Lärms, den man bei Eröffnung des Concils getrieben, und die Noten, welche damals dazu bestimmt waren, die Bischöfe des Concils einzuschüchtern, kehrten in die behaglichen Schränke diplomatischer Maculatur zurück, in welchen auch die Stylübung des Gesandten des Norddeutschen Bundes vom 23. April 1870 hätte bleiben sollen.

Ihnen selbst, Herr Graf, kann das Alles am wenigsten unbekannt sein. Es muss daher aufs höchste befremden, dass Sie dennoch den gegenwärtigen Augenblick benützen, Deutschland aufs Neue mit einem Kriegslärm zu erschrecken, welcher seit sieben Jahren in allen Tonarten betrieben, aber auch stets als blinder Lärm erkannt wurde.

Ich habe oft das peinliche Vergnügen genossen, die Reden anzuhören, welche während des Culturkampfes in Versammlungen gehalten wurden. Eine Beobachtung, die ich dabei machte, ist bemerkenswerth. Gerade diejenigen Redner, welche die päpstliche Autorität am wenigsten zu incommodiren geeignet und welchen an dem evangelischen Glauben nicht das Geringste gelegen war — ich meine jene Männer, deren absoluter Unglaube notorisch war, — haben stets mit dem grössten Lärm von dem Feldgeschrei des Papstes und von seinem Krieg gegen die moderne Welt, die Civilisation und die evangelische Freiheit gesprochen. Bei der Lectüre Ihres Essay hat sich mir sofort die Frage aufgedrängt: wie kommt der Botschafter Sr. Majestät in diese Gesellschaft?

Ich bin nicht so indiscret, diese Frage verfolgen zu wollen. Aber ich kann doch nicht verhehlen, dass mich eine so auffallende Identität der Sprache Ew. Excellenz mit der Sprache notorischer Agitatoren des Unglaubens und — ich muss mir erlauben beizufügen — der Socialdemokratie höchst bedenklich erscheint. Am Ende kommt der Scharfsinn irgend einer Reichspolizeibehörde auf den bösen Gedanken, es sei der Name Arnim wie der des Dilettanten nur eine Maske, unter welcher ein Bebel oder Most socialdemokratische Tendenzen verfolgt. Die Folgen eines solchen Gedankens kennen Sie.

Was mich betrifft, Herr Graf, so bin ich natürlich einer solchen Vermuthung überhoben. Ich weiss, dass der Wauwau des Papstes, welchen der Dilettant an der Leine führt, eine ganz unschuldige Tendenz hat. Er soll nur die Freunde des Reichskanzlers wachsam machen und die Leibärzte desselben daran erinnern, dass die Wirkung der Rakoczy-Quelle durch die süssbitteren Pillen, welche der Nuntius mitbringt, paralysirt werden könnten.

Vielleicht ist er auch dazu bestimmt, auf den Reichskanzler selbst einen Schatten zu werfen und die liebenswürdige Conversation mit dem liebenswürdigen Masella zu stören.

Ob ihm dieses gelingt, kann ich nicht ermessen. Ganz unbesorgt bin ich aber doch nicht, und aufrichtig gestanden, Herr Graf, ich bin sogar nicht ohne Besorgniss für Sie selbst.

Mit dem Wauwau ist niemals zu spassen. Ein altes schwäbisches Lied sagt so melancholisch schön:

> Schätzele, au, au,
> Di frisst der Wauwau,
> Und hat er Di gfressa,
> So frisst er mi au.

Haben Sie noch niemals daran gedacht, dass der böse Wauwau am Ende seine Zähne und Krallen auch gegen den Dilettanten wenden könnte? Sie sind freilich nur gemalt und können direct weder beissen noch kratzen. Aber das an sich unschuldige Thier könnte Sie doch compromittiren.

Ja ich könnte mir wohl denken, dass die Lectüre Ihres Essay's in der Königsburg zu Berlin, wie in der geringsten Hütte des deutschen Reiches die Ueberzeugung begründen müsste, dass ein Staatsmann, welcher seine Musse dazu benutzt, das Oberhaupt der katholischen Kirche und die Kirche selbst mit so augenfälligen Entstellungen zu verdächtigen und das protestantische Deutschland mit offenbar unsinnigen Schauerbildern gegen die katholische Religion aufzureizen, — dass ein solcher Staatsmann, sage ich, eines Verbrechens gegen den öffentlichen Frieden sich schuldig mache, und dass das Vaterland sich Glück wünschen müsse, dass er seine Grenzen zu berühren verhindert ist. Diese Auffassung liegt meines Erachtens sehr nahe. Mir hat sie sich unwillkürlich aufgedrängt; und ich kann sie nicht los werden, so lange ich Sie in der Gesellschaft dieses Thierchens sehe.

Darum, lieber Graf, nehmen Sie sich in Acht vor dem Wauwau, welchen die Trunkenheit des Dilettanten erzeugt und sein Katzenjammer geboren hat. Diesen Rath gibt Ihnen ebenso ernst als aufrichtig Ew. Excellenz

ergebenster

..... Minranov.

Fünfter Brief.

Die Jungfrau von Lourdes und der deutsche Kaiser.

Hochgeborener Herr Graf!

Nur den freundlichen Winken des Dilettanten verdanke ich das Verständniss der geistreichen Darstellung, welche Ew. Excellenz von der Entstehung der Idee des Papocäsarismus entwerfen. Er hat es darum auch allein zu verantworten, wenn ich weniger wissenschaftliche Ausdrücke, wie »Trunkenheit« und »Katzenjammer«, bei Besprechung so ernster Fragen gebrauchte. In der Regel liebe ich den wissenschaftlichen Anstand.

Uebrigens ist gerade die hier in Rede stehende Partie Ihres Essay's ganz besonders berechtigt, wissenschaftliches Interesse in Anspruch zu nehmen, da sie in einer ganz seltenen Art geeignet ist, den raschen Uebergang der eben erwähnten beiden physiologischen Erscheinungen zu experimentaler Untersuchung zu bringen. Erlauben Excellenz, dass ich folgende Stelle mit Beifügung der entsprechenden technischen

Ausdrücke wiedergebe. Die Infallibilitäts-Erklärung ist....
ein Feldgeschrei, mit welchem der Papst in den Krieg zieht.
In welchen Krieg? Er hat es oft genug gesagt: in den
Krieg gegen uns, denn »wir sind die moderne Welt« —
(Trunkenheit) — »so krank sie auch sein mag« —
(Katzenjammer). »Wir sind die moderne Civilisation«
— (Trunkenheit) — »so brutal wir auch geworden
sein mögen« (Katzenjammer) — »wir leben von der
evangelischen Freiheit« — (Trunkenheit) — »so verkümmert sie auch sein mag« — (Katzenjammer).
Höchst interessant gewiss für Physiologen und Psycho-
logen! Ein rascheres Wechselspiel entgegengesetzter Nerven-
disposition lässt sich kaum denken. Aber die Extreme
stellen sich noch massenhafter gegenüber. — »Es ist möglich,«
so fahren Sie fort, »dass die moderne Welt in Trümmer fällt, —
es scheint oft, als solle die moderne Civilisation in Barbarei
übergehen, und als würde die evangelische Freiheit, zwischen
die Maassregelung von oben und die Anfechtung von unten
gestellt, im Sturme der Zeit verloren gehen. Wenn diese
Ueberzeugung in das Volksbewusstsein übergeht, so werden
Alle die Reise nach Canossa antreten, welche nicht dem
Pessimismus anheimfallen.«

Das ist der denkbar tiefste Grad von Katzenjammer.
Der Untergang der evangelischen Freiheit! Wie schrecklich!
Dann nur die Wahl zwischen Canossa und Pessimismus!
noch schrecklicher! Solche Bilder haben selbst Marius auf
den Trümmern von Carthago nicht gepeinigt. — Aber nur
einen Augenblick Geduld, und die Sprache des Dilettanten
erhebt sich zu dem denkbar trunkensten Schwung. »Bis
dahin aber,« so heisst es weiter, »sollen die starken schwarz-

weissen Banner und die Standarte des deutschen Kaisers nicht verhüllt bleiben, wenn sie einem feindlichen Heer mit der flatternden Processionsfahne der Jungfrau von Lourdes oder dem Bilde des infalliblen Pius begegnen.«

Ihre Phantasie, Excellenz, ist immer originell und grossartig, — im Katzenjammer und in der Trunkenheit; aber das Bild von den Bannern übertrifft Alles, was sie jemals geleistet hat. Eines nur möchte ich mir in aller Stille zu entgegnen erlauben. Es ist die sehr naive Frage, ob Excellenz sich denn unter diesem Bilde überhaupt etwas gedacht haben, und im Bejahungsfalle, was? — Die flatternde Processionsfahne der Jungfrau von Lourdes? was ist das? Jedermann weiss, dass sich vor 20 Jahren etwa der Ruf verbreitete, es habe in dem Pyrenäenort Lourdes eine Erscheinung der heiligen Jungfrau stattgefunden, dass diese Mittheilung nach weitläufiger genauester Untersuchung von Seiten der, durch die Mitwirkung der Kaiserlichen Polizei à la Marpingen wesentlich unterstützten Bischöfe Frankreichs als glaubwürdig erklärt wurde, dass seitdem aus Frankreich und auch aus anderen Ländern viele Katholiken nach Lourdes kamen, um dort zu beten und Heilung von Krankheiten oder Schutz gegen Gefahren zu erflehen, und dass auch in Wirklichkeit viele höchst auffallende Heilungen stattgefunden haben.

Ob das Alles sich in Wirklichkeit so verhält, darüber mag Jedermann sich selbst ein Urtheil bilden; kein Protestant und auch kein Katholik ist verpflichtet, die Erscheinung der heiligen Jungfrau in Lourdes für wahr zu halten; aber auch Niemand ist berechtigt, eine Pilgerfahrt nach Lourdes zu verwehren. Wenn einige dieser Pilger sich das Vergnügen machten, dabei eine Fahne aufzurollen oder aufzupflanzen, und wenn sie dieselbe sogar etwas lebhaft in der Luft geschwenkt haben sollten, — so weiss ich nicht, welches Gesetz dieses Vergnügen verwehren sollte. Nur ein Phantast oder ein hungernder Zeitungsschreiber konnte die Wallfahrt einiger deutscher, englischer und italienischer Herren und Damen nach Lourdes zu einer politischen Action aufbauschen.

Aber es muss doch eine ernstere Bedeutung haben mit dieser Fahne der Jungfrau von Lourdes. Graf Arnim würde sonst nicht die schwarzweissen Banner und die Standarte des deutschen Kaisers ihr gegenüber zu enthüllen für nothwendig erachten. Ist sie vielleicht eine Nachahmung der Fahne, welche Schiller der Jungfrau von Orleans in die Hand gibt? In diesem Fall würde allerdings etwas sehr Gefährliches dahinter stecken; Graf Harry liebt das Vaterland, und in der That! es ist nicht zu spassen! Diese Fahne flattert »an der Spitze eines feindlichen Heeres;« so sagt der Dilettant.

Ein Heer? Herr Graf! Das freilich ist schauerlich, und noch schauerlicher ist, dass Niemand recht weiss, wo es steht, woher es kommt und wohin es geht, wer es commandirt und aus welcher Nation es sich recrutirt? Ja nicht einmal das lässt sich klar erkennen, ob es zu Wasser oder zu Land oder am Ende gar in der Luft den Kampf führt. Da ist es in der That Zeit, die schwarzweissen Banner zu enthüllen und Allarm zu schlagen. Nur die Standarte des deutschen Kaisers, meine ich, sollten Sie zu Hause lassen, lieber Graf.

Diese steht doch zu hoch, um im Kampf mit Windmühlen oder Weinschläuchen oder Schafheerden entfaltet zu werden. Die Achtung, welche alle Welt und auch Botschafter a. D. dem Namen des Kaisers schulden, verbietet, seine Standarte für Don Quixotiaden in Anspruch zu nehmen.

Eine solche aber ist doch offenbar Ihr ganzer Feldzug gegen die Jungfrau von Lourdes. Was hat die Erscheinung der heiligen Jungfrau in dem Pyrenäen-Thale mit dem deutschen Reich zu thun? Was kann es den deutschen Kaiser kümmern, wenn arme Krüppel in der Quelle der Grotte daselbst sich baden? Was geht das den Dilettanten an, wenn deutsche Katholiken sich angetrieben fühlen, ihre Verehrung gegen die heilige Mutter Gottes auf französischer oder italienischer oder spanischer Erde zu zeigen? Es ist ja doch wohl nicht Reichsgesetz geworden, dass der Deutsche nur auf deutscher Erde und in der Richtung gegen Mekka-Berlin sein Morgen- und Abendgebet verrichten dürfe.

Ich rathe Ihnen, lieber Herr Graf, ziehen Sie die Standarte des deutschen Kaisers ein und treiben Sie mit so ernsten Dingen keinen Spott. Das könnte Sie zum zweiten Mal vor das Kammergericht führen. Und noch einen Rath, wenn es erlaubt ist! Trinken Sie gefälligst zuweilen ein Glas Zuckerwasser oder ein ähnliches, gegen Congestionen bewährtes Mittel.

Vielleicht verschwindet dann das feindliche Heer mit der Processionsfahne von Lourdes aus Ihrer patriotisch gereizten Einbildungskraft. Eine so einfache unblutige Lösung des schrecklichen Krieges würde gewiss Niemanden willkommener sein, als Ihrem friedliebenden, fürs Schlachtfeld einmal nicht gewachsenen Herzen und dem nicht minder friedfertigen Herzen des

    Ew. Excellenz
      ergebensten Dieners
       ..... Minranov.

Sechster Brief.

Lackstiefel oder Schuhe?

Hochgeborener Herr Graf!

Der Dilettant versteht es meisterhaft, seine grossen, weltumfassenden Vues mit kleinen Bildern zu unterbrechen, welche gerade durch den Contrast von unbeschreiblicher Wirkung sind. Kaum ist das feindliche Heer mit der flatternden Processionsfahne der Jungfrau von Lourdes unter klingendem Spiele auf- und hoffentlich abmarschirt, so nimmt er den Leser auf die Seite und fragt ihn: »Apropos, was halten Sie von der Fussbekleidung? Dürften wohl Lackstiefel oder Schuhe mit Strümpfen für die Corridore des Vaticans geeigneter sein?« Die Frage ist nicht ohne Interesse, obgleich oder vielleicht gerade weil sie so minutiös ist. Ich verfehle darum nicht, in Kürze meine Meinung darüber — très confidentielle natürlich — auszusprechen.

Was mich betrifft, Herr Graf, so war ich immer der Ansicht, dass es auf Stiefel, Schuh und Strümpfe weniger ankomme, als auf den Fuss, der darin steckt, und dass auch der Fuss nicht die Hauptsache ist, sondern der Kopf, der über ihm steht.

Um den Kopf, so scheint mir, hat es sich in der Frage gehandelt, ob Cardinal Hohenlohe als Vertreter des deutschen Kaisers in Rom erscheinen sollte. Und zwar nicht um einen, sondern um zwei Köpfe oder wenigstens um einen Kopf mit zwei Gesichtern. Einen solchen müsste der Cardinal unfehlbar haben, welchem die Ehre zugedacht würde, den deutschen Kaiser bei dem heiligen Vater zu vertreten. Er hätte als ein zweiter Janus nach Berlin sehen müssen, um die nicht selten wechselnden Mienen des Kanzlers richtig wiederzugeben, und er hätte zugleich nach dem Vaticau schauen müssen, um die Grundsätze der Kirche in dem Auge zu behalten. Sie haben so oft die Ehre gehabt, den Kopf des Cardinals Prinzen von Hohenlohe zu prüfen. Glauben Sie wohl, dass ein solcher Kopf für zwei Gesichter hinreichend gewesen wäre? Ich weiss es nicht. Eines von den beiden Gesichtern — welches, will ich nicht entscheiden, — hätte wahrscheinlich zur Maske werden müssen, und dieses Missgeschick wollte Pius IX. seinem lieben herzensguten Cardinal Hohenlohe ersparen. Das war jedenfalls wohl gemeint und darum auch staatsmännisch. Ich wünsche, dass alle früheren Päpste ihre Cardinäle vor demselben zu behüten vermocht hätten, gleichviel ob sie dem Kirchenstaat oder anderen Staaten als Bürger angehörten. Es mögen edle Männer darunter gewesen sein, und es mag wohl auch Zeiten gegeben haben, wo es leichter war, die zwei Gesichter des Cardinals und des Botschafters zu harmonischem Ausdruck zu vereinigen. Der Würde des Cardinals haben diese Doppel-

Gesichter wenig Nutzen gebracht; ob der des Botschafters, will ich Ew. Excellenz zu entscheiden überlassen. Darüber aber sind wir einig, dass sie in diesem Augenblick beiden den empfindlichsten Schaden zu bringen drohten. Was alles der geniale Schachzug, zu welchem sich der Reichskanzler den Cardinal Hohenlohe als Läufer oder Springer ausersehen hatte, wirklich bezweckte oder nicht bezweckte: ob er die Eingebung eines speculirenden Machiavellismus oder einer geraden ehrlichen Rechnung war, will ich dahin gestellt sein lassen. Wer wollte sich anmaassen, die Gedanken des Fürsten Bismarck zu ergründen?

Eines aber steht fest, dass Fürst Bismarck es mit seinem evangelischen Gewissen — und dass er dieses hoch hält, hat er uns ja wiederholt gesagt — sehr wohl vereinbar fand, den Papst zum Mitregenten im deutschen Reiche einzuladen, und dass er dem Papste sogar mit dem freundlichen Anerbieten seiner gefälligen Mitregentschaft in Rom entgegenkam. Das Eine wie das Andere zeigt, um mich Ihrer eigenen Worte zu bedienen, die denkbar höchste Accomodationsfähigkeit und die äusserste Selbstverleugnung von Seiten eines evangelischen Staatsmannes.

Schade, dass der Plan misslang. Es wäre so schön gewesen, Cardinal Hohenlohe in Rom als Botschafter des Kaisers, und dann als Gegencourtoisie in Berlin ein Nuntius des Papstes in der Person eines preussischen Diplomaten oder Generals. Was sagen Ew. Excellenz zu diesem Gedanken? Er ist nicht zu genial, um unmöglich zu sein.

Wenn man in Rom sich damals so wenig auf Courtoisie verstand, so liesse sich der Versuch heute vielleicht mit besserem Erfolge wiederholen. Welchen Cardinal Seine

Majestät der Kaiser mit der Würde eines Botschafters beim Papst zu beehren geruht, ist meines Erachtens eine leichte Frage. Ob Hohenlohe oder ein anderer — Kopf, das ändert wenig. Aber Leo XIII. dürfte jedenfalls Niemand anders zum Nuntius machen, als Ew. Excellenz. Er würde damit der Kirche, wie Ihnen die empfindlichste Satisfaction sichern. Wer weiss, was geschieht? Die Zeiten sind ungewöhnlich. Gestatten Sie darum, dass ich mich Ihrer hohen Protection schon heute angelegentlichst empfehle.

Ew. Excellenz

ergebenster

..... Minranov.

Siebenter Brief.

Der Reichskanzler im Examen.

Hochgeborener Herr Graf!

Das stets wachsende Einverständniss, mit welchem ich dem Essay des Dilettanten folgte, hat wohl seinen Höhepunkt in meinem letzten Brief erreicht. Ich fürchte sehr, heute Ihnen widersprechen zu müssen, und zwar im Interesse eines Mannes, in dessen demuthsvoller Verehrung meine Gemüthsart mit der Ihrigen nicht bloss übereinzustimmen, sondern sogar wetteifern zu dürfen sich glücklich schätzt.

Ich theile das Urtheil, welches Ew. Excellenz über den Culturkampf und die preussische Kirchenpolitik fällen, vollständig. Es sind wahrhaft treffliche Worte, wenn Ew. Excellenz bemerken: »Jedermann begreift, dass der Culturkampf den Einfluss des Papstes auf die katholische Welt erhöht, die Cohäsionskraft des neuen deutschen Reichs gemindert, die Widerstandsfähigkeit des Reiches für den Fall eines militärischen Unglücks vermindert, die revolutionären und socialistischen Tendenzen in den nicht katholischen Bevölkerungen neu belebt und die Organisation, welche den Bestand der civilisirten Gesellschaft sichert, untergraben, vor allem aber die Freiheit verkümmert hat.« Das sind Worte würdig eines Staatsmannes und eines vernünftigen Menschen.

Aber ganz und gar unrichtig finde ich die psychologische Erklärung, welche Sie von der Kirchenpolitik des Reichskanzlers geben. »Bei dem Reichskanzler,« so sagen Sie, »ist der Culturkampf unter zwei Gesichtspunkten eine Lebensfrage gewesen. Erstens handelte es sich darum, seine persönliche Autorität der ihm persönlich feindseligen Partei gegenüber geltend zu machen. Zweitens darum, das Reich und den Kaiser gegen die vom Papste geleitete oder doch um die Fahne des Papstes gesammelte katholische internationale Liga sicher zu stellen.« Der eine wie der andere Satz scheint mir selbst in der geistreichen Ausführung, welche Ew. Excellenz ihm angedeihen lassen, doch ganz und gar verfehlt. Ich will nicht behaupten, dass der Reichskanzler persönlichen Inspirationen allezeit fremd geblieben sei. Das ist ja starken Charakteren von seinem Schlage überhaupt nicht zuzumuthen. Aber, dass er den Culturkampf aus bloss persönlicher Gereiztheit unternommen hätte, das, Herr Graf, ist eine historisch unwahre und psychologisch unhaltbare Annahme. Es lässt sich auch meines Erachtens kaum ein verletzenderes Urtheil über den Kanzler fällen, als Ew. Excellenz sich erlauben.

Der Kanzler sollte einem Drittheil der deutschen Nation die staatsrechtlich garantirte und durch die Verfassung anerkannte religiöse Autonomie entzogen haben, bloss um seine persönliche Gereiztheit zu befriedigen? Er sollte deutsche

Männer der Verbannung überantwortet, Bischöfe und Priester aus rechtlich ihnen zukommenden Stellungen vertrieben haben, bloss weil sie seinen Zorn erregt hätten? Er sollte über Hunderte von Gemeinden das schwere Leiden der Störung und Unterdrückung des Gottesdienstes gebracht haben, bloss, weil er persönlich geärgert war?

Das ist unmöglich zu denken und nicht schön zu behaupten. Nein, Herr Graf, ein solcher Unmensch ist der Kanzler nicht.

Noch viel weniger kann ich als wahrscheinlich zugeben, dass das schreckliche Bild der vom Papst geleiteten Liga, das Gegenstück der Kaulbach'schen Hunnenschlacht, wie Sie sagen, ihn in den Culturkampf getrieben habe. Dieses Bild zu ersinnen, war die Phantasie des Kanzlers, so lange der Essay des Dilettanten noch im Schoosse der Götter ruhte, gar nicht fähig; und wäre es im wachem oder — impossibile dictu — im »trunkenen Zustande« ihm begegnet, so hätte er es doch niemals für wahr gehalten.

Die Phantasie des Kanzlers theilt mit der Ihrigen, verehrter Herr Graf, den Vorzug der plastischen Gestaltung, wie der Kühnheit der Combination; aber sie hat nichts von dem idealen Hauch Ihrer transscendentalen Erfindungsgabe; Alles, was sie sich vorstellt, hat den Zug eines derben Realismus.

Der Kanzler sprach von einer Gefahr des Polonismus. Das ist eine Realität. Die Polen sind durch ihre ganze Geschichte die geborenen Gegner des preussischen Staates, mit welchem kein natürliches Band der Abstammung, Sprache oder Cultur, sondern eine Kette von politischen Gewaltacten sie zusammenführte.

Er sprach von Welfenthum. Auch das ist eine Realität. Der Friede von Nikolsburg konnte die Entthronung des Königs von Hannover aussprechen und das Sequester-Decret ihm die Disposition über sein Vermögen entziehen. Aber damit ist ja die Königstreue eines Volkes und sein völkerrechtliches Gefühl nicht beseitigt. Nicht alle Hannoveraner sind königstreu geblieben, sehr viele aber doch; dass diese Treue, so hoch achtbar sie erscheinen mag, in Hannover, wie in Berlin — unter den gegebenen Verhältnissen für Preussen gefährlich ist, wird Niemand verkennen.

Der Kanzler sprach endlich von einer ultramontanen Mobilmachung. Das Wort ist etwas stark poetisch und erinnert an die kriegerische Zeit, der es entstammt. Immerhin aber hat es eine gewisse reale Bedeutung. Es ist wahr, dass unmittelbar vor und nach der Gründung des deutschen Reiches in der katholischen Bevölkerung eine Bewegung sich kund gab, welche ihren Grund ebensowohl in einer Beunruhigung als in einer Hoffnung hatte.

Zur Beunruhigung gereichten den Katholiken die Aeusserungen eines Theiles der deutschen Presse. Es fehlte nicht an Fanatikern und Liberalen, welche die Erfolge Preussens gegen Oesterreich und Frankreich als Niederlagen des Katholicismus feierten, und nicht undeutlich wurde den Katholiken zu verstehen gegeben, dass die Hegemonie Preussens die Hegemonie des Protestantismus und die im dreissigjährigen Krieg in Stockung gerathene Durchführung der Reformation bedeute. Solche Aeusserungen waren wohl geeignet, die katholische Bevölkerung aufzuregen.

Auf der anderen Seite aber war in der katholischen

Bevölkerung damals noch ein, wenn nicht allgemein, so doch weit verbreitetes Vertrauen auf die von Preussen in den beiden letzten Decennien eingeschlagene Kirchenpolitik. Die katholische Kirche erfreute sich, unter dem Schutz der preussischen Verfassung und unter der Hut der katholischen Abtheilung des preussischen Cultusministeriums, einer Behandlung, welche namentlich in Süddeutschland Gegenstand des Neides sein musste. Es lag daher die Hoffnung nahe, und dieser Hoffnung gab bekanntlich der Bischof von Mainz in einem Schreiben an den Kanzler Ausdruck, — es werde bei entschiedenem Auftreten der Katholiken im Reichstag gelingen, die in Preussen gewährten Garantien für die Freiheit der Kirche auf ganz Deutschland auszudehnen.

Aus dieser offenbar entgegengesetzten, aber gleich sehr begründeten Stimmung der Furcht und Hoffnung ging die damalige »Mobilmachung der Ultramontanen« hervor. An und für sich hatte sie für die Regierung des deutschen Reiches nichts Gefährliches. Alles, was man in den verflossenen sieben Jahren von einer katholischen Liga gegen das deutsche Reich gesagt hat, ist ein Product jener politischen Phantasie, welche in dem Essay des Dilettanten so hässlich gekrönt wurde.

Die sogenannte Mobilmachung hatte einen lediglich friedlichen und wesentlich defensiven Character. Mit politischen Fragen, als solchen, hatte sie absolut Nichts zu thun; sie stellte sich rund und nett auf den Boden der vollendeten Thatsachen, und die Mehrzahl der Führer der Katholiken anerkannten diese Thatsachen sogar mit Befriedigung.

Hätten die preussischen Staatsmänner die Situation damals verstanden, so hätten sie dieselbe sehr zu ihrem

Vortheil benützen können. Sie hatten nur einen wohlfeilen Preis zu zahlen, und die ultramontane Mobilmachung wäre die Unterstützung einer conservativen preussischen Politik geworden. Und dieser Preis?

Ich habe es wiederholt bemerkt, aber gestatten Excellenz, dass ich es noch einmal wiederhole, da es gerade in dem gegenwärtigen Augenblick von Wichtigkeit ist, diesen Preis festzustellen, und gerade der Essay des Dilettanten zu dem Zweck geschrieben wurde, die wahre Sachlage zu verwirren.

Um die deutschen Katholiken zu beruhigen und der Bildung der Centrums-Fraction jeglichen für die Politik der preussischen Regierung oder des deutschen Reiches gefährlichen Charakter zu benehmen, ja mehr noch, um eben diese Fraction für die Unterstützung der Politik des deutschen Reiches zu gewinnen, war nichts nothwendig, als **eine gesetzliche Garantie, dass die katholische Kirche in dem deutschen Reich dieselbe Rechtsstellung haben solle, welche sie bis eben in Preussen thatsächlich besass.** Diese Garantie war Alles, was die »Mobilmachung« bezweckte; und diese Garantie zu geben, war eben so leicht als ehrenvoll für die Regierung. Sie wurde nicht gegeben. An deren Stelle traten entgegengesetzte Maassregeln. Herr Wagener zog das Jesuitengesetz aus der Tasche, durch welches unbescholtene deutsche Staatsbürger ohne Verhör und Untersuchung mit Exil bestraft wurden. Herr Lutz brachte den Kanzel-Paragraphen, welcher an sich wenig gefährlich, doch als Ausnahmegesetz bedenklichster Art sich darstellte. Es folgten die sog. Maigesetze mit ihren Zusätzen und Declarationen, das Altkatholikengesetz, das Gesetz über Verwaltung erledigter Bisthümer u. s. w. Doch wozu alles das aus Zeitungsberichten hier erzählen, was wir schaudernd selbst erlebt, und was die Arbeitskraft unser ehrenwerthen Staatsanwälte, Richter und Gensdarmen seit sieben Jahren bis zur Erschlaffung erschöpfte?

Und warum das Alles? Nicht aus Zorn, ab irato, verehrter Herr Graf, und noch weniger aus Furcht. Das habe ich Ihnen Eingangs meines Briefes bereits bewiesen. Diese beiden Affecte sind dem Kanzler überhaupt in Dienstsachen fremd. Und wären sie es nicht, so konnten sie doch den Kanzler niemals zum Culturkampf bestimmen. Eher wollte ich, auf Ihre geistreiche Anspielung eingehend, doch im anderen Sinne glauben, dass der Culturkampf für den Kanzler ein Bedürfniss der Liebe gewesen sei. Ich finde den grossen Staatsmann ebensowenig sentimental, als Sie den Papst. Aber er ist doch Mensch. Und sollte den Menschen Bismarck nicht das Bedürfniss angewandelt haben, die heisse Liebe zu erwiedern, mit welcher gerade diejenigen, welche mit ihm geschmollt, die Liberalen, sich an ihn herandrängten? Wenn man die Reden verfolgt, welche der Kanzler bei Beginn und im Verlauf des Culturkampfes hielt, so könnte man in der That auf den Gedanken kommen, dass er damals von sentimentalen Stimmungen beherrscht und einer Art Brautwerbung beflissen gewesen sei, bei welcher die Mailuft von günstiger Wirkung sein konnte.

Welchem Ideal seine Liebesschwüre galten, ist mir niemals recht klar geworden; aber dass die Maigesetzgebung mit Liebesangelegenheiten zusammenhing, das zu glauben war ich öfters versucht, noch ehe ich Ihre geistreiche Schilderung der von dem Kanzler angeordneten, Liebe bezweckenden Prügelscene gelesen habe. Dennoch will ich auch das nicht behaupten. Was liegt dem Kanzler an der Liebe der religionsfeindlichen Liberalen, und ich darf hinzu setzen, was liegt ihm an der Liebe der glaubensfesten Conservativen? Seine letzte Liebe sind jedenfalls die Einen so wenig, wie die Anderen. Wäre es ihm nur darum zu thun gewesen, die Liberalen in guter Stimmung zu halten, so hätte er den Culturkampf nicht so ernsthaft zu führen gebraucht, und wäre es ihm um die Liebe der Conservativen zu thun gewesen, so hätte er ihn nicht so ernsthaft führen dürfen.

Die Liberalen lagen ihm ja doch zu Füssen. Ein paar Gladiatorenspiele weniger, hätte ihrer Ergebenheit keinen Eintrag gethan. Die Conservativen sind und bleiben unter allen Umständen auf seinen Namen getauft, obgleich es ihnen Kummer gemacht hatte, dass der Culturkampf schliesslich auch sie gefährde. Dass der Kanzler des Culturkampfes nicht bedarf, um der Liebe seiner Holden links und rechts der Liberalen und der Conservativen, sicher zu sein, hat er jüngst bewiesen, indem er gerade auf den Tag der Wahl zum Reichstag den Monsignor Aloisi Masella zu Tisch lud. Sind ihm nicht die liberalen Herren gerade in der letzten Session am lustigsten über den Stock gesprungen, obgleich sie wussten, dass — der Nuntius kommt? Und haben nicht die Conservativen, trotz des Widerstrebens der Hofprediger, sich mit voller Resignation in die neue Lage ergeben?

Also auch mit dieser Erklärung des Culturkampfes aus Liebeslust ist es nichts. Weder Zorn, noch Furcht, noch Liebe hat den Kanzler in den Culturkampf getrieben; der Kampf galt gar nicht oder jedenfalls nur ganz nebenbei dem Centrum; er war auch nicht durch die sog. ultramontane Mobilmachung hervorgerufen. Sein Ursprung liegt tiefer, viel tiefer als in dem Niveau der augenblicklichen Verhältnisse.

Und wo liegt er? Gestatten Ew. Excellenz, dass ich mich heute mit einer kurzen Andeutung begnüge. Der Kanzler hat den [Culturkampf begonnen unter dem Zauber einer grossen Idee, welcher ein wunderbares Zusammentreffen der Umstände den Charakter eines Schicksalsspruches zu geben schien, welche aber nur allzubald sich als ein neckisches Traumbild erwies. Das klingt räthselhaft? nicht wahr, Herr Graf? Aber ich weiss, dass Sie die Räthsel lieben, und dass deren Auflösung Ihnen um so mehr Vergnügen macht, je verwickelter sie sind. Darum schmeichele ich mir mit der Hoffnung, Ew. Excellenz mit dieser allerdings ungewöhnlich schwierigen Kanzler-Charade nicht zu missfallen.

In dieser Hoffnung verharre ich in tiefster Verehrung

Ew. Excellenz

ergebenster

. . . . . Minranov.

Achter Brief.

Die Arbeiten des Herkules.

Hochgeborener Herr Graf!

Der Schluss meines letzten Briefes hat mir eine schlaflose Nacht bereitet. Dass Ew. Excellenz meine Worte, soweit sie Ihre Person betreffen, mit ungetrübter Huld aufnahmen, zweifelte ich keinen Augenblick. Aber wo es sich um die Ehre des Kanzlers handelt, da hat Graf Arnim ein zu zartes Gewissen, als dass er auch nur die leiseste Unziemlichkeit ertragen könnte. Und habe ich nicht den schuldigen Respect gegen den Kanzler verletzt, wenn ich ihn als unter einem Zauber stehend darstellte, und wäre es auch unter dem Zauber einer Idee? Männer wie Fürst Bismarck stehen niemals unter einem Zauber, noch unter einer Idee; die Ideen stehen unter ihrem Zauber, oder noch besser, Alles steht unter der Idee ihres Zaubers. Wie durfte ich es wagen, also von Ihrem grossen, nur mit Ihnen vergleichlichen und ebendeshalb für alle Welt unvergleichlichen Freunde zu reden?

Zu meiner Entlastung gestatten Ew. Excellenz mir wohl die etwas verlegene Versicherung, dass ich auf die unglückliche Idee von der Idee des Kanzlers nicht aus mir selbst gekommen bin. Ich bin zufällig in den Besitz einer kleinen Aufzeichnung gelangt, welche ein Staatsmann machte, der früher dem Kanzler sehr nahe stand, nunmehr aber aus dem Leben geschieden ist. Diese Aufzeichnung hat auf mich einen seltenen Eindruck gemacht, und unter dem Zauber dieses Eindrucks habe ich am Schlusse meines Briefes gestanden.

Gestatten Excellenz, dass ich Ihnen ein kleines Fragment dieser Aufzeichnung mittheile. Sie ist im Jahre 1875 geschrieben worden und führt den Titel: Die Grund-Idee der Politik des Reichskanzlers und lautet an betreffender Stelle folgendermaassen:

»Die Presse hat sich in den letzten Jahren viel mit den Motiven beschäftigt, welche den Reichskanzler in dem Kampfe gegen die katholische Kirche leiten. Man hat sich gefragt, wie es zu erklären sei, dass dieser hohe Staatsmann die früher von ihm so oft bewiesene conservative und christliche Gesinnung nunmehr so gänzlich verleugnen könne, um an der Seite liberaler und religionsfeindlicher Richtungen die katholische Kirche und in ihr den religiösen Bestand eines Drittheils der deutschen Nation anzugreifen. Es ist wahr, die Bahn des Kanzlers hat etwas Befremdendes — aber doch nur für den, welcher den leitenden Grundgedanken seiner Politik und der preussischen Politik überhaupt verkennt. Dieser aber ist höchst einfach. Der Kanzler hat sich die Aufgabe gestellt, die altpreussische Idee des militärisch-monarchischen Absolutismus in Preussen selbst in voller

Reinheit wieder herzustellen und auf das deutsche Reich auszudehnen. Das ist und bleibt das Ziel seines Lebens. Um dieses Ziel zu erreichen, musste er folgende Haupt-Arbeiten ausführen.

Vor Allem musste es sein Bestreben sein, die wenigen freiheitlichen Elemente, welche sich seit 1837 und 1848 in den preussischen Staat eingeschlichen haben, vollständig auszumerzen und Preussen wieder auf den Stand zurückzuführen, auf dem es vor dieser Zeit unter Wilhelm III. sich befand. Sodann handelte es sich darum, den Particularismus und die von diesem begünstigten demokratischen Elemente der süddeutschen Staaten allmälig aufzulösen. Endlich aber, und das ist eben die Hauptarbeit, musste unbedingt die Autonomie der international organisirten katholischen Kirche gebrochen und die an sie sich anlehnende geistige oder sittliche Selbstständigkeit überwunden werden.

Diese dreifache Arbeit auf einmal zu vollbringen, ist selbst für einen politischen Herkules zu schwer. Es kam Alles darauf an, dieselbe so einzuleiten und zu vertheilen, dass die entgegenstehenden Parteien über ihr letztes Ziel getäuscht und über deren Gefährlichkeit beruhigt wurden. Und gerade dieses zu bewirken, ist die Meisterschaft des Fürsten, welcher für jede Aufgabe die passende politische Deckung zu ersinnen verstand. Er stellte 1860—66 den militärischen Absolutismus her, indem er die schöne Idee von dem culturhistorischen Berufe Preussens pflegte. Er überwand den Particularismus der deutschen Kleinstaaten 1866—70 unter der Fahne des deutschen Nationalismus welcher im Kampf gegen Frankreich mit beispiellosem Glück triumphirte. Er unternahm endlich seit 1870 die theilweise

Entmündigung der katholischen Kirche, indem er den religiösen und politischen Liberalismus zum Kampf gegen Papst und Hierarchie einlud. Alle diese Schlagworte des preussischen Berufes, der deutschen Nationalität und des Liberalismus, welche der Fürst je nach Bedarf hervorgezogen hat, sind für ihn, den »realen Politiker«, nur nebensächliche und untergeordnete Mittel für das Eine Ziel, welches wir oben genannt haben, d. i. für die Zurückführung aller preussischen und deutschen Verhältnisse auf den Boden des altpreussischen monarchisch-militärischen Absolutismus«.

So mein altes Manuscript. Was sagen Ew. Excellenz zu der hier entwickelten Idee? Dass sie eine solche ist, lässt sich nicht in Abrede stellen; ob sie die Idee des Kanzlers ist, das können Ew. Excellenz besser beurtheilen als ich. Es scheint mir aber Vieles für die Ansicht des Staatsmannes zu sprechen, dessen Gedanken ich hier zu reproduciren mir gestatte. Aehnlich wie Copernicus die Ordnung des Sonnensystems dadurch erkannte, dass er die Hypothese aufstellte, die Erde bewege sich um die Sonne, und dass er dann die meisten Phänomene hiernach erklärte, so scheint mir auch die Hypothese des verstorbenen Staatsmannes als ein höchst fruchtbarer Erklärungsgrund der politischen Thätigkeit des Kanzlers sich darzustellen.

Mehr als eine Hypothese soll die »Idee« übrigens nicht sein, und es bedürfte für mich keiner freundlichen Erinnerung der römischen Inquisition, noch der lieblichen Kerkerluft, welche Galilei in den eleganten Gemächern des Vaticanes genoss, noch der glücklicherweise erfundenen Drohungen, welchen dieser Gelehrte ausgesetzt war, um vor Kanzler und Reichstag meinen Glauben an die Hypothese abzuschwören, ohne jeglichen Versuch nachträglich zu rufen: »Und sie bewegt sich doch!«

Uebrigens wie dem auch sein mag. Angenommen der Kanzler wäre unter dem Zauber dieser Idee gestanden, war nicht gerade im Jahre 1871 Alles so gestaltet, dass ihm dieselbe wie ein Schicksalsspruch erscheinen musste:

> All Heil Macbeth, o Heil dir, Clan von Glamis!
> All Heil Macbeth, o Heil dir, Than von Cawdor!
> All Heil Macbeth, König wirst du werden!

Ew. Excellenz kennen die erschütternde Scene, in welcher der unsterbliche Britte diese Worte den Hexen in den Mund legt. Mir schwebten dieselben oft vor dem Geiste, wenn ich im Jahre 1870, 1871, 1872 den Kanzler auf seinem Siegeslauf staunend verfolgte. Clan von Glamis! Hatte er nicht den inneren Kampf mit dem sogenannten Conflict glänzend bestanden und seine erste Arbeit mit beispiellosem Glück vollbracht? Und Than von Cawdor! Lag nicht Süddeutschland mit all seinem Particularismus und mit sammt der Mainlinie zu seinen Füssen?

Und nun Heil Macbeth! Gott behüte mich, dass ich den ganzen Satz der Hexe wiederhole. Wenn ich den Kanzler mit Macbeth vergleiche, so geschieht es ganz sans comparaison. Ich weiss so gut, wie Ew. Excellenz, dass der Kanzler mit Shakespeare's Helden Nichts gemein hat, als — die Begegnung mit Hexen.

Diese aber in hohem Maasse. Hat es ihm nicht von allen Seiten zugerufen, dass es, nachdem er das Erste und Zweite vollbracht, nunmehr auch gelingen könne, werde und müsse, das Dritte zu vollbringen — d. i. um ohne alle Poesie zu sprechen, dass nunmehr die Zeit gekommen sei, die Autonomie der katholischen Kirche zu brechen und die Suprematie des preussischen Königthums über sie in gleicher Weise geltend zu machen, wie sie seit der Reformation der evangelischen gegenüber besteht.«

Haben ihm dieses nicht Hunderte von liberalen und conservativen Blättern zugerufen?

Kamen nicht die Altkatholischen, von Döllinger und Schulte angefangen, bis zu Windthorst und Petri herab, um ihm dieses zu sagen? Hat nicht der ganze Tross von Augenblicks-Politikern — den Dilettanten mit eingerechnet — ihm zugerufen: »Jetzt oder nie!«

Wahrhaftig, Excellenz, das Jahr 1871 war eine Zeit, in welcher die Hexen mehr zu sprechen die Gunst hatten, als gewöhnlich.

Und sollte der Kanzler bei allen grossen Seelenkräften, die ihm eigen sind, und bei dem ganzen Gleichgewicht der Harmonie des Willens und Verstandes, welche seine Verehrer an ihm wahrnehmen, diesem gewaltigen Andrang gegenüber ganz unempfindlich geblieben sein?

Auch das, Excellenz, ist nur eine astronomische, oder wenn Sie lieber wollen, eine physiologische Hypothese. Aber Wahrscheinlichkeit hat sie in hohem Maasse. Es ist möglich, dass der Kanzler glaubte, der Zeitpunkt sei gekommen, die katholische Kirche in Deutschland in eine der protestantischen ähnliche Stellung zu bringen und eben damit der grossen Idee des Absolutismus den letzten und vollkommensten und unwiderstehlichen Sieg zu verschaffen. Wenn der Kanzler dieses wirklich glaubte, dann war der Beginn des Culturkampfes subjectiv kein Fehler, sondern subjectiv eine richtige Berechnung und subjectiv eine Pflicht gegen seine Politik.

Objectiv freilich lag es anders. Ew. Excellenz kennen die ernsten Worte, welche Banquo heimlich Macbeth zuflüsterte:

>»Der Glaube
> vermöchte über den Than von Cawdor dich
> Zur Krone zu erglühen. S'ist wunderbar!
> Oft, uns in eigenes Elend zu verlocken,
> Erzählen Wahrheit uns des Dunkels Schergen,
> Verlocken uns durch harmlos Spielwerk, uns
> Dem tiefsten Abgrund zu verrathen.

Diese Worte — selbstverständlich wieder ganz sans comparaison — haben sich auch in dem Culturkampf bewahrheitet, welchen der Kanzler begann. Mit der Suprematie über die katholische Kirche, für welche die Culturkämpfer erglühten, war es nichts. Die Maigesetze erwiesen sich als stumpfe Waffen gegen das Königthum Desjenigen, welcher vor Pilatus sprach: »Ich bin ein König.« Sieben Jahre sind verflossen, ohne dass der dritte Spruch der Hexen sich erfüllte. Heutzutage weiss Jedermann, dass Banquo's Warnung Recht hatte.

Und der Kanzler weiss es besser, als irgend Jemand. Darum lässt er den Nuntius kommen, den bösen Nuntius, welcher wenigstens Eine gute Eigenschaft hat, diese nämlich, dass er mir Gelegenheit gibt, der Hochachtung Ausdruck zu geben, mit der ich bin

Ew. Excellenz

ergebenster

. . . . . Minranov.

Neunter Brief.

Herkules am Scheidewege.

Hochgeborener Herr Graf!

Das Bild, welches in dem vergilbten, aber immer noch lesbaren Manuscript eines Verstorbenen von der Politik des Kanzlers entworfen wird, entspricht meiner Anschauung ebensowenig in allen Zügen, als es wohl mit der Ihrigen übereinstimmt. Dass es aber in wesentlichen Punkten richtig ist, dürfte nicht zu leugnen sein. Gerade der **Haupt-Gedanke**, von welchem es ausgeht, ist, so scheint mir, durchaus wahr. **Dem Kanzler ist der Culturkampf nicht Zweck, sondern nur Mittel; nicht Ziel, sondern nur Etappe; nicht System, sondern nur Zwischenact.** Darum kann er ihn auch jeder Zeit schliessen, vertagen oder durch etwas Anderes ersetzen.

Wenn man vor einem Jahre noch daran zweifeln konnte, so haben die neuesten Ereignisse jeden Zweifel beseitigt. Der Kanzler ist bereit, den Culturkampf gegen die katholische Kirche einzustellen; der Abschluss einer Verständigung mit Rom ist nur eine Frage der Zeit. Die Maigesetzgebung, mag sie aufgehoben werden, oder am Leben bleiben, wird zur Disposition gestellt oder quiescirt. Das ist ausgemacht.

Und warum das Alles? Aus zwei sehr einfachen Gründen, deren jeder aber dictatorisch ist:

1. Die Fortsetzung des Culturkampfes bringt der Politik des Kanzlers keinen Nutzen.
2. Die Aufhebung des Culturkampfes befreit ihn von dem grössten Schaden.

Keinen Nutzen. Das habe ich Ew. Excellenz zu beweisen nicht nothwendig. Was sollte es der Politik des Kanzlers nützen, dass einige Hunderte von Gemeinden ohne Seelsorger sind, dass Tausende von Schulkindern ohne Unterricht in der katholischen Religion aufwachsen, dass die Candidaten des katholischen Priesterthums im Ausland ihre Studien machen, dass die Verwaltung der deutschen Diöcesen augenblicklich direct durch geheime Correspondenz von dem Bischof von Rom ausgeübt wird, dass die Jesuiten das Privilegium der Verfolgten geniessen und dass die Damen vom Sacré coeur u. s. w. die deutschen Mädchen jenseits der Grenze erziehen? Das hat die Maigesetzgebung bewirkt. Aber wer wollte das als Gewinn betrachten? Der Kanzler ganz gewiss nicht. Encyclopädisten und Socialdemokraten könnten das thun; und etwa noch einige sehr beschränkte und sehr wenig berufene Eiferer, welche dem Wahnwitze huldigen, als ob die evangelische Kirche aus der Beschädigung der katholischen Kirche einen Nutzen ziehen könnte.

Ueber solche Kleinlichkeit ist Niemand mehr erhaben, als der Reichskanzler. Er wollte Krieg führen gegen eine

Organisation, nicht gegen Personen. Er hatte keinerlei Hass gegen die Bischöfe, Priester und Ordensleute, welche den Maigesetzen zum Opfer fielen. Wenn er auf diese schaut, so kann dieses nur mit dem schmerzlichen, aber fassungsvollen Bedauern geschehen, mit dem ein Feldherr die Verwundeten und Todten des feindlichen Heeres betrachtet. Dass er in den Leiden dieser Opfer eine Befriedigung finde, ist, weil unpsychologisch, ganz unmöglich. Das ist die Sache des gemeinen Katzengeschlechts, nicht aber die Sache des Löwen.

Ebendarum ist er auch sofort entschlossen, den Kampf abzubrechen, wenn er nichts verspricht, als nutzlose Wunden. Das sonst glückliche Feldherrngenie des Fürsten hat den unglücklichen Feldzugsplan zu dem Culturkampf entworfen und begonnen. Dasselbe Genie wird den Kampf abbrechen in dem Augenblick, da es einsieht, **dass die Recognoscirung falsch war.**

Aber nicht bloss keinen Erfolg, sondern Schaden und zwar grossen Schaden bringt der Culturkampf augenblicklich der Politik des Kanzlers. Er muss unbedingt sobald als möglich mit der katholischen Kirche Friede schliessen. Kaiser und Reich fordert es.

Nicht deshalb, weil die Constellation des Augenblickes irgend welche Gefahr in sich schliesse, welche nur mit Hülfe der Katholiken bekämpft werden könnte.

Die Campagne mit den Socialdemokraten ist **augenblicklich** ja nur eine fröhliche Fuchsjagd, welche man ganz gut ohne Hülfe der Katholiken besorgen kann. Es wäre sehr leicht möglich, nebenbei auch den Trieb auf Schwarzwild im Gange zu halten. Ja selbst das Vergnügen, die Liberalen und den Fortschritt zu hetzen, könnte man gleichzeitig sich wohl erlauben. Es ist dies ja thatsächlich seit längerer Zeit und nicht ohne Erfolg geschehen.

Warum bestellt der Kanzler die Saujagd ab? um dieses, wir wollen zugeben, sehr launige Wort Sr. Durchlaucht hier zu gebrauchen. Ganz allein deshalb, weil ihm die Treiber auch die Männer des Centrums zusammentreiben. Das Centrum aber muss unter allen Umständen gesprengt werden; denn so lange dieses besteht, ist die Zuverlässigkeit des Reichstages stets in Frage; können weder die conservativen Parteien sicher geführt, noch die liberalen sicher zertreten werden. Das Centrum ist der grosse schlimme Stein des Anstosses in der Politik des Kanzlers, und dieser Stein ist, wie Ew. Excellenz sehr richtig sagen, von dem Kanzler selbst, wenn nicht gelegt, so doch befestigt und verhärtet worden. Das Centrum muss getödtet werden; aber auf dem bisherigen Wege geht es nicht, denn bisher wuchsen ihm nach jedem Schlage der Köpfe immer mehr.

Der Kanzler sieht dieses ein, und die ihm eigene Seelengrösse gibt ihm den Muth, dieser Einsicht Folge zu geben. Darum hat er sich zunächst den Nuntius bestellt, damit dieser, gleichwie der treue Diener des Herkules der Lernäischen Schlange, dem Centrum die Wunden mit der Fackel ausbrenne, und ihm fortan keine Köpfe mehr wachsen.

Doch nein! der Kanzler täuscht sich nicht. Er weiss, dass auch das nicht hilft. Weder der Nuntius, noch ein neuer Cardinalbotschafter, noch der Staatssecretär Sr. Heiligkeit reicht dazu aus. Gleichzeitig mit den Berichten von den Kissinger Verhandlungen und namentlich nach der Berathung des Socialistengesetzes sprach man davon, der Kanzler beabsichtige die Centrumsfraction bei dem Papste zu verklagen. Mag auch davon noch so viel und noch so ernst die Rede sein, ich halte diesen Versuch für zu sinnlos, als dass ich glauben könnte, dass man in der Wilhelmsstrasse daran im Ernst dächte.

Der Papst kann den Mitgliedern des Centrums nichts lehren und nichts rathen, als dass sie den katholischen Glauben bekennen und die katholische Moral beobachten. Im Allgemeinen ist anzunehmen, dass derartige Ermahnungen ein geneigtes Ohr bei Herrn Windthorst und Freunden zu erwarten haben.

Aber was mehr? Es ist ja doch ganz unmöglich, dass Leo XIII. einen Nuntius oder Internuntius bei dem Fractionsvorstand des Centrums beglaubige, um durch diesen im Allgemeinen oder im Einzelnen den Abgeordneten des deutschen Volkes Instruction zu geben, wie sie die Gesindeordnung, oder die Tabakssteuer, oder die Impfzwangsvorlage, oder das Socialistengesetz zu behandeln haben.

Das Unglaublichste ist, dass man gerade in protestantischen Kreisen, in welchen man den Papst so sehr als Mitregent des Königs perhorrescirt, ihn als Souffleur des Reichstags citirt.

Der Reichskanzler ist von dieser Schwäche sicherlich frei. Er weiss, dass das Centrum entstanden ist zum Schutz der religiösen Rechte der katholischen Minorität, und dass es gewachsen ist unter dem Druck der Maigesetze. Eben weil er das weiss, bemüht er sich, ein Mittel zu finden, welches den Katholiken die Garantie ihrer religiösen Rechte zu geben geeignet ist.

Dieses Mittel ist, wie der Kanzler gleichfalls mit Recht

festhält, nicht die Wiederherstellung eines oder zweier **Verfassungsparagraphen**, welche jeden Tag umgestossen werden können, und ebensowenig die sog. **Trennung von Kirche und Staat**, bei welcher nichts herauskommt, als ein gegenseitiges Versteckensspiel, sondern die **Achtung und Erneuerung oder Wiederherstellung des staats- und völkerrechtlichen Vertrages** zwischen der preussischen Krone und dem Papste — dem König, als Souverän des preussischen Staats, mit dem Papst, als Oberhaupt dieser Kirche.

Also die Mitregentschaft? Ja, wenn Ew. Excellenz wollen. Die Mitregentschaft in dem Sinne und in der Bedeutung, welche ich in meinem zweiten Briefe richtig zu stellen mir erlaubte.

Die Opposition des Centrums ist nur um den Preis der Mitregentschaft des Papstes zu beseitigen.

An dem Tage, an welchem es Sr. Majestät dem König von Preussen gefallen haben wird, die als bindendes Statut verkündigte Bulle de salute animarum aufs Neue zu sanctioniren, über andere etwa der Regelung bedürftige Punkte eine neue Vereinbarung zu schliessen und der katholischen Kirche ihre unveräusserlichen Rechte, insbesondere die freie Ausübung ihres Unterrichts- und Erziehungsrechtes, in staatsrechtlich bindender Weise zurückzugeben; — an diesem Tage wird die Partei des Centrums einen wesentlich anderen Charakter annehmen. Die Centrumsfraction ist, wie ich wiederholt gezeigt habe, vorwiegend eine religiöse oder confessionelle Partei, welche verschiedenartige politische Elemente in sich vereinigt. Als confessionelle Partei ist sie in der That eine Mobilmachung des katholischen Volkes zur Vertheidigung seines bedrohten Gewissens. Dieser Zweck sichert dem Centrum seine Wahlkreise, und auf ihm beruht die Einmüthigkeit seiner Mitglieder.

Die Mobilmachung wird sistirt werden und der oppositionelle Charakter der Centrumspartei wird hinwegfallen, sobald das katholische Volk über die Unversehrtheit seines Gewissens beruhigt ist, sobald ihm eine Garantie gegeben ist, dass die Angriffe auf seine religiöse Freiheit nicht wiederholt werden.

Selbstverständlich werden auch in Zukunft Katholiken in den Reichstag gewählt werden; es wäre thöricht, dieses zu verwehren. Aber die katholische Gesinnung wird ihnen keine Parteistellung anweisen, wie solche während des Culturkampfes nothwendig gegeben war.

Wenn ich die Bildung der Centrumspartei aus der religiösen Frage erkläre und in der Lösung dieser Frage zugleich eine Umbildung dieser Partei erkenne, so will ich damit nicht sagen, dass die Centrumspartei nicht bestimmte politische Principien vertrete, welche auch nach Herstellung des religiösen Friedens ihre Vertretung fordern. Obgleich seinem Ursprung nach eine religiöse Partei oder vielleicht gerade **weil** eine religiöse Partei, hat das Centrum auch in der Politik einen fest bestimmten Standpunkt eingenommen. Autorität und Freiheit, die materiellen wie geistigen Interessen der Nation, das Recht aller Einzelnen, wie das Wohl des Ganzen sind von ihm mit Aufrichtigkeit und Geschick vertheidigt worden. Diese politische Bedeutung des Centrums konnte aber nicht zu wahrer und voller Geltung kommen, so lange der Kriegszustand dauerte, in dem es seit Erlass der Maigesetzgebung sich befindet. Weder in seiner eigenen Wirksamkeit noch in seinen Beziehungen zu anderen Parteien konnte das Centrum sich mit voller Unbefangenheit bewegen, so lange es einer Gesetzgebung gegenüberstand, welche es zu bekämpfen im Gewissen verpflichtet war. Man nehme diese Zwangs- und Nothlage hinweg, und es wird sofort das Centrum eine wesentlich andere Entwickelung finden.

Wie sich die politische Parteistellung der Katholiken in Zukunft gestalten wird, ist heute schwer zu sagen.

Es ist möglich, dass sich verschiedene Gruppen bilden werden, und zwar unter den verschiedensten Gesichtspunkten: 1. entsprechend den particularistischen oder besser gesagt, den durch das alte historische Recht gegebenen föderalistischen Interessen; 2. entsprechend den wirthschaftlichen und industriellen Interessen; 3. entsprechend den verschiedenen politischen Anschauungen, welche unter den deutschen Katholiken sich finden.

In welcher Weise diese Gruppen sich zu den anderen Parteien im Reichstag stellen, wird von den Umständen abhängen.

Ich glaube nicht an die Gefahr einer näheren Berührung der Katholiken mit liberalen, radicalen oder gar socialen Elementen. Es gibt nur wenige Personen, welche dazu sich hergeben würden, und diese wenigen würden sich rasch verbrauchen. Ich kann leider auch nicht an eine baldige Verständigung der Katholiken mit den protestantischen Conservativen glauben; denn es gibt bei den letzteren nur wenige, welche offen die Hand den Katholiken zu reichen den Muth hätten, und auch die Katholiken sind durch die Erfahrungen der letzten Jahrzehnte vielfach missstimmt.

Wie immer aber diese Verhältnisse sich gestalten mögen, die Lage wird doch eine wesentlich bessere geworden sein, wenn es dem Kanzler gelingt, die dem katholischen Volk durch die Gesetzgebung aufgedrungene und durch siebenjähriges Leiden gehärtete Opposition zu beseitigen und die geschlossene Reihe des Centrums in eine Parteigruppe zu verwandeln, welche der Regierung mit Unbefangenheit und Vertrauen entgegenkommt.

Aber kann das der Kanzler? Verzichtet er nicht mit dem Culturkampf auf die Durchführung seines Programms? Hat der Versuch, das Centrum durch einen Friedensschluss mit der katholischen Kirche zu zerstören, nicht das Missgeschick des Scorpions, der an dem tödtlichen Stich, den er beibringt, selbst den Tod findet? Das ist allerdings sehr zu erwägen, und ich glaube, man muss diese Frage in gewisser Weise bejahen. Der Kanzler steht am Scheideweg. Von den Arbeiten des Herkules hat er alle vollbracht bis auf die letzte. In dieser aber, d. i. in der Beseitigung der Autonomie der katholischen Kirche, ist ihm eine Welt von Schwierigkeiten erwachsen, die ihn zwingt in seiner Bahn vorerst wenigstens — vielleicht auf lange — vielleicht für immer — einzuhalten. Er ist vor die Alternative gestellt, die Zerstörung der kirchlichen Organisation mit zweifelhaftem Erfolg fortzusetzen und eben damit die Centrumspartei und alle oppositionellen Parteien unzweifelhaft zu verstärken, oder aber die kirchliche Ordnung wiederherzustellen, um sich der Opposition des Centrums zu erwehren, und den deutschen Reichstag zu gesunderen Parteiverhältnissen zurückzuführen.

Die Alternative ist peinlich, namentlich für einen Mann,

dem bis jetzt Alles gelungen, vor dem sich Alles gebeugt hat und welcher ganz ohne seine Schuld daran gewöhnt wurde, sich zwar nicht für unfehlbar, aber für unüberwindlich zu halten.

Wie der Kanzler sich in dieser Alternative entscheidet, ist kaum mehr in Frage. Der dritte Akt seiner Politik erhält ein kleines Intermezzo — vielleicht eine definitive Aenderung; der Nuntius wird nach Berlin kommen, und es wird wieder ein Gesandter nach Rom gehen. Das steht fest. Und wer?

Doch nein. Wo die Noth am grössten ist, da ist die Hülfe am nächsten, und sie wird dem unglücklichen Kanzler zu Theil von einem Freunde, an dem er, wie Wallenstein an Buttler, es am wenigsten verdient zu haben glaubte. Ew. Excellenz haben die bewunderungswürdige Selbstverleugnung, dem Reichskanzler in der peinlichsten Stunde seines Lebens das Arcanum zu enthüllen, welches den Culturkampf überflüssig macht und doch die Erreichung seines ganzen Zweckes sicher stellt. Das ist mehr als ein Wunder. Empfangen Ew. Excellenz dafür im Voraus den Dank des Vaterlandes und des mit ihm unzertrennlich verbundenen Kanzlers, zugleich aber auch die Versicherung meiner unbegränzten Bewunderung.

Ew. Excellenz

ergebenster

..... Miuranov.

Zehnter Brief.

Das Messer ohne Heft und Klinge.

Hochgeborener Herr Graf!

Ganz gegen Absicht und Wunsch habe ich in den letzten Briefen, welche Ew. Excellenz mir zu gestatten die überaus grosse Freundlichkeit hatten, zuweilen Vergleichungen zwischen Ihnen und Ihrem Freunde zu machen mich fortreissen lassen. An und für sich kann Ihnen dieses um so weniger unangenehm gewesen sein, als ja Ihr geistreicher Essay selbst in jeder Zeile — ganz zufällig natürlich — wenn nicht direct, so doch indirect im Vorübergehen am Spiegel derartige Seitenblicke sich erlaubt. Parteilichkeit werden Ew. Excellenz mir kaum vorzuwerfen die Ungnade haben. Sie kennen meine Natur. Ich fliege, seitdem ich die Ehre habe, eine politische Biene zu sein, von Blume zu Blume, um das Wachs und den Honig zusammen zu tragen, aus dem ich die Zellen meiner Weltanschauung mir erbaue.

Wer sollte mir verübeln, wenn gerade die beiden grössten Blüthen der preussischen Staatskunst mich vor allen anderen fesseln? Jede andere Biene wäre diesem Zauber verfallen.

Uebrigens werde ich heute, da ich nicht ohne schmerzliche Entsagung den letzten Brief an Ew. Excellenz zu richten mir vornehme, meine Bienennatur möglichst verleugnen. Ich werde mich nur mit Ihnen beschäftigen, verehrter Herr Graf, und meine Aufgabe wird ausschliesslich darin bestehen, die Vorschläge zu prüfen, welche der Essay des Dilettanten dem Wohle des Vaterlandes widmet.

Diese Vorschläge geruhen Ew. Excellenz in dem Brief an den Verleger als Arcanum zu bezeichnen.

Der Dilettant entspricht dieser Bezeichnung nicht ganz, da er sich alle ordentliche Mühe gibt, sie möglichst ausführlich auszukramen. Im Grunde aber muss ich doch dem Grafen Arnim recht geben. Was in dem Essay als Mittel zur Lösung der grossen Frage vorgeschlagen wird, charakterisirt sich in Wahrheit durchaus als Geheimmittel.

Das Eigenthümliche aller Geheimmittel ist, dass man nicht weiss, oder wenigstens nicht sagt, woher sie genommen sind, auch nicht woraus sie bestehen; sie wären ja sonst keine Arcana. Das einzige, was man in der Regel erfährt, ist 1. wofür sie unfehlbar gut sind, 2. wie man sie anzuwenden hat und endlich 3. wie man sich zu verhalten hat, wenn sie nicht helfen.

Woher Ew. Excellenz Arcanum stammt, hat der Dilettant sorgfältig verschwiegen. Böse Zungen sagen, es sei aus der Küche des verstorbenen Cavour, welcher das bekannte Recept »**der freien Kirche im freien Staat**« erfand.

Ich glaube das nicht. Graf Arnim ist nicht der Mann, der aus so verrufener Garküche seine Tafel wählt. Ew. Excellenz Programm ist das Resultat langjähriger Erfahrung — also älter als Cavour's Ideen — und zugleich »Parole der Gegenwart«, also nagelneu.

Woraus das Geheimmittel besteht, das zu fragen, ist nicht minder bedenklich. Und selbst wer es zu wagen frevelhaft genug wäre, käme nicht auf die Art und Weise, wie es bereitet wird. Dass es nicht ohne Hokuspokus sich herstellen lässt, ist wohl klar. Sollte es vielleicht mit dem Hexen-Einmaleins zusammenhängen?

> Du musst verstehn!
> Aus Eins mach' Zehn,
> Und Zwei lass' gehn,
> Und Drei mach' gleich,
> So bist du reich!

Wir wollen dies später untersuchen. Man sollte es aber kaum glauben. Das Geheimmittel, welches Graf Arnim ersinnt, ist vielleicht etwas ganz Natürliches, kein Werk der Hexerei, sondern das Werk purer Geschwindigkeit. Welches? Das, wie gesagt, weiss man ja bei keinem Geheimmittel! Was man aber bei Geheimmitteln gewöhnlich weiss, das sagt uns der Dilettant von dem seinigen mit einer Offenheit, welche Vertrauen erwecken muss. Es bezweckt:

Die Befreiung der katholischen Kirche von der absoluten Herrschaft des uns feindlichen italienischen Souverains ohne Beeinträchtigung der Gewissensfreiheit und des religiösen Besitzstandes unserer Katholiken. Würden diese Worte in einer der unzähligen Annoncen von Heilmitteln, welche den Zeitungen so gute Dienste leisten, mir begegnen, so würde ich sie vielleicht mit folgender in eine Kategorie versetzen: Vom Kopf-Gicht heilt schmerzlos Dr. Eisenbart. Aber der Name Arnim garantirt mir dafür, dass sie eine wesentlich andere Bedeutung haben. Und welche?

Nun, es handelt sich um »Befreiung der katholischen Kirche von der absoluten Herrschaft des uns feindlichen italienischen Souverains.«

Gütiger Himmel! wie klingt das schön und erhaben! Nur schade, dass die katholische Kirche von Kopf-Gicht durchaus nichts spürt. Sie begehrt durchaus keine Befreiung, sie fühlt durchaus keine absolute Herrschaft und kennt durchaus keinen uns feindlichen Souverain.

Nun freilich, die schlimmsten Patienten sind ja eben diejenigen, welche gar nicht wissen, dass sie krank sind, und gerade das ist die erste und die grösste Kunst des Arztes, die Gesunden zu überzeugen, dass sie doch krank sind. Wenn es nur immer gelänge! Aber, lieber Herr Graf, was sollte Ihnen misslingen?

Freilich der Fall ist bedenklich und hartnäckig. Seit mehr als drei Jahrhunderten stehen Regimenter von Predigern, Professoren, Doctoren, Diplomaten und Demokraten vor dieser katholischen Kirche und flüstern und sprechen und reden ihr zu, dass sie am Kopf-Gicht des italienischen Absolutismus leide. Sie glaubte es nicht und, was noch schlimmer! sie ist ganz wohl dabei, sie wächst und singt und springt und ist guter Dinge. Wahrhaftig, das ist zum »katholisch werden«, würde ein richtiger Lutheraner sagen, und er hätte Recht.

Da wird wohl nichts übrig bleiben, als die Patientin zu chloroformiren. Ein vorsichtiger Arzt thut es nicht gerne, wenn es vermieden werden kann, und in dem gegebenen Falle ist es auch nicht nothwendig, denn »**Graf Harry heilt schmerzlos vom Kopf-Gicht**« oder wenigstens »ohne Beeinträchtigung der Gewissensfreiheit und des religiösen Besitzstandes unserer Katholiken.« Nun das lässt sich hören. Bitte schleunig um Gebrauchsanweisung. Nichts einfacher als dies:

Aus Eins mach' Zehn. »In dem Augenblick, wo der Papst seine vaticanischen Dogmen verkündigte, hörte er auf der Papst zu sein, mit welchem wir Verträge geschlossen haben; es war der Moment gekommen auszusprechen, dass wir den römischen Papst als Papst nicht mehr anerkennen . . . (und im Falle, dass der Papst die vaticanischen Decrete zurückzuziehen sich weigerte) »war dann principiell die vollständige Aufhebung des bisherigen vertrags- und verfassungsmässig garantirten Rechtszustandes der von dem römischen Bischof abhängigen Kirchengemeinschaft in Preussen eingetreten«. Also doch Hexen-Einmaleins? offenbar! Der Hexerei gegenüber sind dogmatische Argumente nicht angezeigt. Theologen discutiren über solchen Nonsens nicht; nur soll es erinnert werden, dass eine so exorbitante Behauptung in keinem Lande von irgend einem namhaften Juristen vertreten worden ist.

Dass Pius IX. durch die Verkündigung der von einem rechtmässig berufenen öcumenischen Council gefassten, von allen Bischöfen des Erdkreises nachträglich anerkannten Beschlüsse, also durch verfassungsmässige Ausübung seines Lehramtes und durch Verkündigung eines Glaubenssatzes seine kirchenrechtliche Stellung alterirt habe, das wahrlich ist ein Satz, welcher nur in der Hexenküche erfunden werden kann. Ist aber Pius IX. und nunmehr Leo XIII. kirchenrechtlich der Nachfolger Gregor's XVI., so stehen auch die mit diesen geschlossenen Staatsverträge in Kraft und können einseitig nur durch Vertragsbruch beseitigt werden. Doch auch davon abgesehen. Was hätte die preussische Regierung aus einer solchen Vertragsaufhebung für Consequenzen ziehen müssen? Wenn der Papst nicht mehr Papst war, so war auch die katholische Kirche selbst nicht mehr die katholische Kirche. Dann waren aber auch alle ihre Amtsbesetzungen, ihre Vermögensverhältnisse, ihre Forderungen an Dritte hinfällig, und die preussische Regierung musste nothwendig ihr jeden Rechtschutz versagen. Das ist mehr als des Kanzlers Culturkampf. Aber wer will das? wer kann das? Wer darf das?

Wenn solche Rechtstheorie in Deutschland zur Geltung kommen würde, so müsste man mit grösserem Rechte auch alle Verpflichtungen für hinfällig erachten, welche ehedem gegen den König von Preussen bestanden. Denn der König ist deutscher Kaiser geworden. Aber das wäre ja geradezu toll. Gewiss, aber noch viel toller ist der Gedanke, dass der Papst und die katholische Kirche eine andere geworden sei, weil eine dem ersteren gegebene göttliche Verheissung als unzweifelhafte Glaubenswahrheit in verfassungsmässiger Weise definirt worden ist.

»Und zwei lass gehn.« Graf Arnim fährt fort: »An demselben Tage, wo alle der katholischen Kirche gegebenen Garantien hinfällig wurden, musste der christlichen Genossenschaft, welche fortfuhr, den römischen Bischof für ihren Pontifex maximus zu halten, mit wenigen Ausnahmen alle die Privilegien zurückgegeben werden, welche sie besass, ehe der Papst aufgehört hatte, für den König zu existiren.«

Wenn das nicht Hexerei ist, Herr Graf, dann gibt es keine mehr. Freilich wäre es von einigem Interesse, die wenigen Ausnahmen zu kennen, welche »zu bezeichnen unnöthig und im jetzigen Moment schädlich sein könnte.« Aber darauf kommt es ja nicht an, so wenig als auf die milden Strafen, welche den Renitenten zugesagt werden. Alles kommt auf die Frage an: Ob denn eine solche Comödie irgendwie etwas anderes hätte bewirken können als Lachen? Der Papst hätte sich von der Erklärung des Staatsanzeigers, dass er für den König von Preussen nicht mehr existire, ohne Zweifel, wenn nicht tödtlich, so doch schmerzlich berührt gefühlt, aber er hätte sich damit getröstet, dass er für die preussischen Katholiken zu existiren nicht aufgehört habe, und auch diese hätten sehr ruhig fortgefahren, in Gemeinschaft der Bischöfe und des Papstes zu leben — gleichviel ob der König von Preussen sie kraft internationalen Vertrages oder kraft spontaner innerer Gesetzgebung hierzu für berechtigt erklärte. Sie hätten dabei auf ihr Vertragsrecht und auf ihr Recht überhaupt natürlich keineswegs verzichtet, und die spontane Gesetzgebung hätte für sie nur den Charakter der ideellen Restitution eines ideellen Diebstahls gehabt.

Ist das Ihr ganzer Witz? Herr Graf! Doch nein! Und drei mach gleich, so bist Du reich! Das ist der dritte Hexenspruch, dessen Erfüllung der Dilettant aber erst von der Zeit erwartet, d. i. von einem »mässigen und consequenten, aber wohlwollenden Verhalten im eigenen Lande«, von einem »prophylaktischen Wirken, durch welches die Regierung sich die Sympathie der Bischöfe und der deutschen Katholiken wieder gewinnen« und allmälig ein unabhängiger nationaler Episcopat sich heranbilden würde. Auf diese Weise könnte der König Frieden schliessen mit dem katholischen Volke, ohne den Papst zu benützen, ohne einen Nuntius zu empfangen und — das ist die Hauptsache — ohne der Staatskunst des Reichskanzlers zu bedürfen.

Gewiss ein hübscher Plan. Nur schade, dass man nicht weiss, was er soll, und noch weniger, was er will. Darf ich offen sagen, wie er mir vorkömmt? Wie ein Messer ohne Heft und Klinge.

Ich habe mir in meiner Jugend niemals recht darüber klar werden können, wozu dieses bekannte weltberühmte Instrument, dessen Erfinder leider unbekannt ist, dienen soll. Ew. Excellenz verdanke ich das langgesuchte Verständniss dieser Erfindung. Es ist dazu bestimmt, Botschafter zu reactiviren.

Wenn es gestattet wäre, mit der heiligen Sache des Vaterlandes Experimente zu machen, so würde ich wünschen, dass es Sr. Majestät gefallen würde, Ew. Excellenz einzuladen, mit diesem Instrument sich zu versuchen.

Aber dieser frivole Gedanke liegt mir ferne: Ich hoffe, dass Gottes Vorsehung die Dynastie der Hohenzollern vor Rathgebern bewahrt, welche die Ordnung der wichtigsten Interessen auf frivole Verleugnung des öffentlichen Rechtszustandes begründen zu können glauben, und welche nicht einmal die Offenheit haben, dieses zu gestehen oder richtiger gesagt, welche die Selbstverleugnung haben, es einzugestehen, und dennoch den Namen eines edlen Strebens beanspruchen.

In dieser Hoffnung verharrt Ew. Excellenz in vollkommenster Hochachtung

ergebenster

..... Minranov.

P. S. In dem Augenblick, da ich dieses Schreiben der Kaiserlichen Post anzuvertrauen im Begriffe stehe, erhalte ich Ew. Excellenz neueste Schrift, welche den Titel führt: »quid faciamus nos«. Ich habe sie sofort verschlungen. Den Eindruck, den sie in mir zurückliess, heute wiederzugeben, ist mir nicht möglich. Ich werde mir erlauben, in den nächsten Tagen ein neues Packetchen von Briefen an Ew. Excellenz zu richten. Dasselbe wird die Aufschrift erhalten: »**Dass wir kommen in Abrahams Schoos**« und somit eine classische Fortsetzung der Schillerschen Capuzinade sein, deren ersten Theil Ew. Excellenz mit so unübertrefflicher Meisterschaft auszuführen, die Gewogenheit hatten.

D. O.